盤《ばん》珪《けい》語録を読む

不《ふ》生禅《しょうぜん》とはなにか

横田《よこた》南嶺《なんれい》

春秋社

盤珪永琢禅師書　円同太虚　無欠無餘（世田谷区野沢　龍雲寺蔵）

盤珪語録を読む——不生禅とはなにか

目次

盤珪語録を読む――不生禅とはなにか

初講　盤珪禅師の魅力

盤珪禅師語録の提唱

円覚寺には居士林《こじりん》という、一般在家の方が参禅する施設がございます。明治の初め頃に、今北《いまきた》洪川《こうせん》老師が作られたものです。今日に到るまで、今北洪川老師から釈宗演《しゃくそうえん》老師、古川尭道《ふるかわぎょうどう》老師、朝比奈宗源《あさひなそうげん》老師、そして足立大進《あだちだいしん》老師と、代々の老師方が指導されてきました。そして、そこでは当時の社会において活躍されている錚々たる人物が参禅されていました。

私ごとき者が、僧堂の師家《しけ》（指導者）に就任し、それと同時に居士林の指導も委ねられてしまいました。もうかれこれ、二十数年前のことになります。

居士林においても、僧堂と同じく語録の提唱を行なっていて、私も『大慧《だいえ》禅師書』や『碧巌《へきがん》録《ろく》』などを提唱してきました。『碧巌録』は、全百則を評唱も含めて講じました。

その後、『臨済録』を学ぶために、あらかじめ臨済禅師の師である黄檗《おうばく》禅師の『伝心法要』を提唱してみました。『伝心法要』を提唱してみて、それまで居士林で提唱した『碧巌録』や、僧堂でも提唱した『無門関』などとは大いに異なるものを感じました。

『碧巌録』や『無門関』は、ともに宋代を代表する禅の書物であります。また公案禅、特に看話禅における大切な講本であります。

公案というのは、もともとは「公府の案牘《あんどく》」と言って、公の法則条文のことを言いました。それが私情を容れずに遵守すべき絶対性を意味する言葉として用いられました。唐代の禅僧方の自由自在な心境に、どのようにしたら到ることができるのか、宋代になってくると、唐代の禅僧の言葉を「公案」として工夫参究するようになっていったのでした。

そして唐の時代から宋の時代になって、公案を参究する禅が主流になってまいります。公案禅と言われますが、一口に公案禅と言っても、「文字禅」とも称せられるものと、「看話禅《かんなぜん》」というものがあります。

文字禅なるものは、古則公案に古典漢文の知識を駆使して公案の要旨を頌で表現したり、論評を加えたりするものであります。

対して「看話禅」と呼ばれるものは、ひたすら古則公案に全神経を集中させて、開悟の体験をさせるものであります。現今の修行道場で行われているのは、看話禅が主体であります。『無門関』や『碧巌録』にある一則の公案にひたすら意識を集中させるのです。その上で、著語《じゃくご》や下語《あぎょ》という古人の漢詩文を用いて表現させるのです。看話禅が土台になって、文字禅を加えるというところであります。

看話禅をひたすら修めてきた私にとっては、『伝心法要』という書物は、実に新鮮でありました。自分自身が二十年来、看話禅の修行に努めてきて、到り得た究極のところを、端的に示してくれていると感じました。あたかも難問題を長年解いてきたところが、いきなり問題の解答を教わったような思いであります。

看話禅というのは、どこまでも自身が体験するものであって、どういう境地に到るかなどという説明はなされません。ただ、あてどもない道を手探りでひたすら進むという趣きです。そんな中で『伝心法要』を読むと、道のないところに明確な地図を示してもらったような思いがしたのでした。

唐代の禅というのは、こういうものだったのかと、初めて馬祖系の禅の息吹に触れた思いでした。もっとも、看話禅の過程で、『臨済録』も読むのですが、どうしても看話禅の枠内でしか見ていなかったのでした。純粋に『臨済録』を読むようになるのは、それよりずっと後のことでありました。

『伝心法要』を一通り講じ終える頃になって、次にどの講本を提唱《ていしょう》しようかと考えました。当初の思いの通りに、『臨済録』を講じようかとも思いましたが、ふと、この『伝心法要』に説かれたことに極めて近い内容の語録が、日本にあったことに思い到りました。

それが『盤珪《ばんけい》禅師語録』であります。そこで、『伝心法要』を講じた後に、一般の方々向けに、『盤珪禅師語録』を提唱し始めました。

円覚寺に坐禅しに見える方は多いのですが、公案に参じて独参（師家の室に参じて問答すること）までする方は限られています。多くの方は、独参まではしません。そこで、公案を参究するための看話禅の講本よりも、公案を用いない盤珪禅師の語録がいいのではないかとも思ったのでした。

それとほぼ時を同じくして、私は平成二十八年に臨済禅師千百五十年遠諱を迎えるにあたって、東京の湯島の麟祥院を会場にして、『臨済録』の勉強会を始めました。これは、今までの伝統の提唱ではなく、禅語録の読解においては当代一と称せられる駒澤大学の小川隆先生に講師をお願いして、『臨済録』を唐代の禅語録の一つとして虚心坦懐に読むことに努めました。宗門の見方、看話禅の枠組みにはめ込んだものとしてではなく、一つの書物として正確に読み込むことを学びました。

思えば、十三歳の頃から公案に取り組んで、人生のほぼ大半を公案工夫、看話禅に取り組んできました。禅を学んだといっても、実に禅のほんの一部に触れたに過ぎないのです。小川先生との出会いを通して、私は恥ずかしながら初めて禅を思想として学ぶことができるようになりました。

それまではどんな語録を読んでも、無字の公案で片付け、隻手の公案の展開としてしか見なかったのでしたが、ようやく広い世界に触れることができました。折しも、小川先生も『禅思想史講義』（春秋社）や『「禅の語録」導読』（筑摩書房）などの書物を上梓なされて、私の理解も一層深まりました。

そのように視野を広くしてみると、公案禅や看話禅というのも、禅思想の中の一端でしかないという眼を得ることができるようになりました。それまでは、看話禅、しかも白隠禅一辺倒だったのでした。

視野を広くすることによって、看話禅の良し悪しも見えてくるようになりました。良いところは確かにあります。公案という、意味も分からぬ一則の話頭に、全身全霊を捧げて集中することは、大きな力を生み出します。精神の集中力というのは大きなものがあります。人格をも変革してゆく力を持ちます。そして、その集中の結果得られる体験は痛快であり、仏祖に親しく見えたとの感動をもたらしてくれます。

そうした体験から、語録を紐解くと、あたかも快刀乱麻を断つごとく分かってくるのです。もっとも、それは、看話禅の立場から牽強付会したものであることも多くあるのですが、そのことには気付きにくいのです。

看話禅と異なる立場の教えを学ぶことによって、看話禅の意味が一層よく分かってきます。『伝心法要』を読み、さらに『盤珪禅師語録』を学ぶことによって、さらに新たな禅の世界の広がりを覚えるようになりました。

そのように、私自身は楽しみながら『盤珪禅師語録』を講じていたのですが、ある時から疑問が生じました。『盤珪禅師語録』は繰り返しが多いのです。ほぼ全巻同じことの繰り返しと言ってもいいのです。私は楽しいけれども、これほどまでに同じことを繰り返す語録を読んで、一般の方はどうなのだろうか、もう飽きてくるのではないだろうかと思いました。

ところが、ずっと日曜日の朝、講じていても、参加者は一向に減る気配がなく、むしろ段々と増えてきました。一般の方々も、盤珪禅師は優しい言葉で、同じことを何度も何度も繰り返して説いてくださることを、安心して聴いておられるように感じました。

これは『碧巌録』を講じるのとは対照的です。『碧巌録』などは、漢文でとくに難しく、読む者を寄せ付けない厳しさがあります。その厳しさに挑み続けるというのが禅の醍醐味だと私は思っていたのですが、それとはまた異なる世界もあると知ったのでした。

優しい盤珪禅師の「〜わいの」、「ござるわいの」と繰り返される言葉を、穏やかに聞くひととき、私もその穏やかな空気の中に身を委ねて、語る安らかさを感じるようになってきたのでした。盤珪禅師の語録は、今の人たちの心に響くものがあるのではと思ったのでした。

そうしているところに、令和二年、わが国を新型コロナウイルス感染症が襲いました。毎月行っていた日曜坐禅会も休会となり、『盤珪禅師語録』も読めなくなりました。私が盤珪禅師の語録を提唱すると、大勢の人が集まってくださるのですが、この大勢集まることが、よくないと言われるようになってしまったのでした。

そんなことであれば、動画で配信してみようと思いました。これも同じことの繰り返しで、すぐに飽きられるかと思ったのですが、意外に多くの方が毎回、聞いてくださっているのです。そういったことが、出版社の目にとまったのか、今回の上梓となりました。

本書もまた、同じ言葉の繰り返しが多いのですが、繰り返すことの力を感じることもあります。まず講じている私自身が、何回も何回も「不生の仏心ひとつでござるわいの」と説いていると、本当に身も心もそのように思うようになってくるのです。またやわらかい盤珪禅師の口調で読んでいると、こちらも穏やかな心になってくるのです。

何だか、このままで不生の仏心なのだと思うようになってきます。何もとりたてて古則公案だと言って、目をつり上げて修行しなくてもいい道もあるのだと思うようになってきました。

看話禅は、どこまでも自己否定の修行であります。それに対して盤珪禅師の説法は、皆だれしも不生の仏心一つという、大いなる自己肯定の教えであります。今の時代には、この自己肯定の教えも必要であります。

何においても刺激の強いものがあふれている今の時代に、悠長な繰り返しは耐えがたいと感じるかもしれませんが、ゆったりした気持ちで、読んでもらえればそれだけで、心が穏やかになるものであります。

今の時代に『盤珪禅師語録』を読む意味は大きなものがあると思っています。

その生涯

盤珪禅師は、元和八年（一六二二）三月八日に、播州揖西郡浜田郷に生まれています。現在の兵庫県姫路市網干区浜田であります。

生家は、今は仁弘山義徳院というお寺になっています。まだ関ヶ原の戦いが終わって、徳川幕府が開かれて間もない頃でありました。

父親は、儒者であり医師でもあった菅原竹庵と言いました。幼少の頃から腕白であったようです。端午の節句に行われる石合戦では、友達を引き連れて合戦に臨み、勝敗が決まるまで一歩も退かずに頑張り通した話もあります。『正眼国師逸事状』には、「師果敢勇烈、毀歯に見はる」と書かれています。

しかしながら、二、三歳の頃より、死ぬということが嫌いで、泣いた時でも人が死んだまねをしてみせるか、人の死んだことを言って聞かせると泣き止んだというのです。

この死を恐れる心は、無常を観る心でもあり、菩提心にも通じるものであります。負けん気が強いという意志と、死を恐れる繊細な心との両面は、盤珪禅師の修行を支える二本柱であると思います。

八、九歳頃になると、隣村の大覚寺に手習いに通わされました。大覚寺は、浄土宗西山派の大刹であります。盤珪禅師の生家の菩提寺もまた浄土宗西山派の西方寺でありました。しかし、幼い盤珪禅師は大覚寺に手習いに行かされるのが嫌で、いつも早く帰ってきてしまいました。兄が咎めても聞きません。兄は揖保川の渡し守に頼んで船に乗せないようにしました。すると水を潜って対岸に這い上がったというのです。

嫌な勉強をさせられるし、さもなくば兄には責められるしで、とうとう死を覚悟して毒蜘蛛をほおばって、この西方寺の石龕に潜んでいたということもありました。結局、死ぬことはできずに出てきてしまいましたが、こういう意志の強さをもっていたのです。

寛永九年、盤珪禅師が十一歳の時に父が五十一歳で亡くなりました。もともと死に対して深く感じる盤珪禅師のことですので、大きな衝撃であったろうと察します。

十二歳の時に、郷塾で『大学』の講義を受けました。その時に、「大学の道は明徳を明らかにするに在り」の一句を聞いて、「明徳とは何か」という大きな疑問を抱きました。塾の先生に聞くと、「性善のことだ」と言われました。では「性」とは何かと尋ねると、「人の本性なり」とか「天の理である」といった答えが返ってきました。それでは言葉を置き換えただけで、盤珪禅師には納得がゆきませんでした。

この時の疑問が、生涯をかけて貫く大問題になったのでした。それからは、本書でも盤珪禅師が語っているように、何とかしてこの「明徳」を明らかにして、年老いた母にも知らせてあげたいと思って、「いろいろあがき廻っ」たのでした。どこそこに講義があると聞いては、そこに行って話を聞いて帰って母に聞かせるのですが、それでも埒は明かなかったのでした。

　儒学の先生方に聞いてもだめだと思った盤珪禅師は、菩提寺である西方寺の寿欣上人について浄土門を学び念仏もなされていました。十四歳の頃であります。さらに十六歳になって、円融寺の快雄法師について真言の教えも学びました。

　そのように明徳とは何かを明らかにしようと求めても埒が明かずにいるとき、とある儒学者が、そのような難しいことは禅宗の和尚が知っているので、禅僧に問えと言われました。そこで、近くに禅寺がなかったので、赤穂にある江西山随鴎寺の雲《うん》甫《ぽ》全祥《ぜんしょう》和尚について得度しました。十七歳の時でした。この雲甫和尚は、甲斐の恵林寺に住した快川《かいせん》禅師の弟子でした。快川禅師が織田信長に攻められて、恵林寺の山門上で火定に入った時に、雲甫和尚はまだ十五歳であり、難を逃れて姫路の三友寺に入り、南景宗岳和尚の法を嗣がれたのでありました。雲甫和尚は、盤珪禅師に「永琢《ようたく》」の法名を与えました。

　二十歳にして初めて行脚に出ました。それからはいつどこでどのような修行をされていたかは詳らかではありません。本書の中にもあるように、「そこな山へ入りては、七日も十日も物を食らわず、ここな岩をへ入りては尖った岩の上へ、着物を引きまくって、直に居しきを岩に付け、坐を組むが最後、命を失うことも顧みず、自然とこけて落つるまで坐を起たず」というような修行をされたのでした。

　また京都の松尾神社の拝殿で七日間の断食をしたとか、五条橋下で貧者の群れに混じって修行したりとか、大阪の天満の不動堂で浮浪の者と暮らしたりとか、九州豊後ではハンセン病の者と暮らしたりとか、あるいは吉野の山中にこもっていたとか、いろんなところで、修行をされたのでした。

このように全国をわたり歩いて修行したものの、肝心の明徳は明らかにならず、とうとう二十四歳の時に、故郷に帰り、赤穂の北にある野中村の小庵に入ったのでした。野中庵では、一丈四方の牢屋のような小屋を作り、出入り口をふさいで、ただ食べ物だけを出し入れできるようにして、大小便も中から排泄できるようにして、ひたすら念仏や坐禅に徹したのでした。

あまりに極度に体を痛めて修行したので、お尻が破けて、杉原紙を尻に敷いて、取り替えては坐禅されました。とうとう病に罹り、血の痰を吐くようになってしまいました。さらに食も喉を通らなくなり、七日ほど絶食、ついに死を覚悟しました。

明徳の解決ができずに死ぬのかと思っていたところ、あるときに「ひょっと一切のことは不生で調ふものを、今日まで得知らいて、さてさてむだ骨を追った事」と気が付いたのでした。この時の様子は本書の中にも詳しく書かれています。

また、『大法正眼国師盤珪琢大和尚行業曲記』には、「微風梅香を襲ふ、恍然として大悟す」とありますように、梅の香を聞いて気が付いたと書かれています。随鴎寺に赴いて雲甫和尚に心境を示すと、雲甫和尚も、「汝徹せり、大いに達磨の骨髄を得たり」と喜んでくれたのでした。二十六歳のときでありました。雲甫和尚は、さらに諸方の名僧を訪ねて悟境を深めるように指示されました。

そこで当時名僧の誉れ高かった愚堂《ぐどう》国師を訪ねようと、美濃の大仙寺に行くのですが、あいにく愚堂国師は江戸に出ておられてお目にかかることはできませんでした。そのほか了堂宗歇《りょうどうそうけつ》や石翁玄需《せきおうげんじゅ》など諸方の禅僧を訪ねてみましたが、心にかなうことはなかったようです。そうして慶安三年（一六五〇）赤穂に帰りました。自ら悟った場所を興福寺と名づけて、安居していました。

慶安四年（一六五一）明の国から、道者超元《どうしゃちょうげん》が来朝しました。隠元隆琦《いんげんりゅうき》が来朝する三年前のことであります。道者禅師との邂逅についても本書の中で述べられていますが、道者禅師は、盤珪禅師の悟境を高く評価されたのでした。

しかしながら、本書の中で盤珪禅師は驚くべきことを述べておられます。六十九歳の晩年のことであります。道者禅師は盤珪禅師のことを生死を超えた人だと認めてくれたのですが、今思えば道者禅師もまだ十分ではなかったというのです。道者禅師がもしそのまま日本にいてくれていたならば、もっとよき人にしてあげたものを、早く亡くなってしまい残念だと述べているのです。

三十歳の頃から六十九歳までに盤珪禅師の心境は益々深まり、錬磨されていったのでした。

三十一歳の時に道者禅師のもとを辞して、吉野山に入っています。このときにすぐれた法語を残されています。三十二歳で吉野を出て、美濃の玉龍庵に止まりますが、師である雲甫和尚の危篤を聞いて帰郷しますが、すでに雲甫和尚は亡くなっていました。八十六歳という高齢で遷化されたのでした。

三十三歳の頃、岡山の三友寺に寓居しています。当時の藩主が陽明学に傾倒しており、ここで陽明学の学徒と問詰なされました。盤珪禅師は病を押して問答に臨みましたが、学徒達は論破されたのでした。

三十四歳の時、再び長崎に到って、道者に再会しています。道者は喜んで厚遇しました。その頃、明より隠元隆琦が来日しました。しかし、道者との折り合いが悪く、道者が明に帰ってしまうことになりました。盤珪禅師は、その頃、平戸の松浦鎮信公とも縁を結び、共に道者を引きとめようとしたのですが、かないませんでした。盤珪禅師は、隠元の姿を見て「不生の人でござらぬ事を見付けました」と法語の中で述べていて、隠元に師事することはありませんでした。

盤珪禅師は、その年の暮れには江戸に出て、駒形堂附近で乞食の群れに入って、なおも修行に励んでいました。この時に松浦鎮信公を介して伊予大洲の城主加藤泰興公にも会っています。加藤公も盤珪禅師に参じて、大いに禅師の力量に感服し、相見が遅かったことを悔やんだといいます。加藤公は盤珪禅師より四歳年上でありました。

三十五歳で網干に帰ります。母のもとでしばらく過ごしましたが、夏には加藤公が大洲に帰って、盤珪禅師を大洲に招きました。冬には網干に帰りました。

三十六歳の時には、加藤公は大洲に遍照庵を建てて盤珪禅師を住させましたが、秋には盤珪禅師は帰っています。この頃に盤珪禅師は、雲甫和尚の法嗣である牧牛祖《ぼくぎゅうそ》印《いん》禅師より印可を受けられました。

三十八歳の時には、妙心寺の前版職となってはじめて「盤珪」の号を名乗ります。四十歳の時に、讃岐の丸亀城主京極高豊公が、盤珪禅師の故郷である浜田の地に、天徳山龍門寺を建立しました。この龍門寺が盤珪禅師の根本道場となります。

四十三歳の時に、京都において病を養い、山科の地蔵寺に住しています。地蔵寺には五十六歳、六十一歳、七十一歳の時にも寓しています。

四十八歳の時に、加藤泰興公が、大洲に如法寺を建立し、盤珪禅師を開山としました。如法寺の裏山に草庵を建てて「奥旨軒《おうしけん》」と名づけました。ここには誰も出入りをさせずに、ひたすら研鑽を重ねられました。

この頃、奥旨軒において、数名の弟子に公案を用いて修行をさせています。このことについては、巻末の特講で龍雲寺住職の細川晋輔老師が論じてくださっているのでご覧ください。

奥旨軒において公案を用いて指導しましたが、誰も意に適うものはいなかったようです。その後もこのような指導をなされていたのかは、文献には出てこないので分かりません。文献に出ていないからといって、行なっていなかったとは言いがたいところもあります。あるいは、このような指導を経た上で、公案を用いることは不要であると悟ったのかもしれません。いずれにしろ、細川老師が論考でご指摘されたように、盤珪禅師ご自身が公案を用いていたことは事実であり、注目すべきことでありましょう。

五十一歳の時に、妙心寺に住して、入寺開堂の式を行なっています。

五十六歳の冬には、加藤泰興公が亡くなり、翌年の春に盤珪禅師は山科の地蔵寺から大洲に赴いて弔っています。加藤公の孫の泰常公もまた盤珪禅師に師事されました。

五十七歳の冬に、京極高豊公のご母堂養性院尼の発願によって江戸の麻布に光林寺を創建しました。盤珪禅師が開山となっています。龍門寺と如法寺と光林寺の三か寺が盤珪禅師にとっての大切な三つの寺であります。

五十八歳の時に龍門寺で結制《けっせい》、六〇名が集まりました。五十九歳の時には、盤珪禅師の母上が九十二歳で亡くなっています。この年の冬には如法寺で結制、百余名が集まりました。

六十一歳の時に、地蔵寺で結制、一五〇名が集まっています。六十二歳で、如法寺で結制、百余名が集まりました。六十三歳の冬には光林寺で結制、一三〇名が集まりました。六十四歳で、龍門寺で結制、一三〇名が集まっています。六十五歳で龍門寺結制、一五〇名が集まりました。六十六歳では光林寺で結制、一五〇名でした。六十七歳の時の普門寺での結制は六〇名です。

六十八歳で龍門寺に尼衆が結制、八〇名が集まりました。その年、岡山の三友寺で結制、一三〇名でした。六十九歳の時には、「仏智弘済禅師《ぶっちこうさいぜんじ》」という禅師号を賜っています。丸亀の宝津寺で説法し、さらに龍門寺で一三〇〇名もの大結制を行なっています。七十歳の冬には龍門寺で結制、二〇〇名でした。七十一歳の時に美濃の玉龍寺で結制し、六〇〇名が集まっています（結制の人数については『盤珪禅師全集』（大蔵出版）を参照しました）。

七十二歳で美濃から江戸に出て、さらに帰郷の途中浜松で病を得て、六月に龍門寺に着きました。九月三日辰の刻、ついに盤珪禅師は遷化されました。「身体温柔、慈顔生けるが如し」であったと伝えられています。

人となり

盤珪禅師のご生涯をざっと拝見してみましたが、どのような人であったのでしょうか。一言で言えば、「慈悲の人」でありましょう。

まず一番その人となりをうかがわせる逸話が伝わっています。

人の声を聞くとその心の中まで分かるという盲人がいました。盤珪禅師の声を聞いて、このように言われました。

人は、他人のお祝いを述べるときには、心の中に憂いがあり、逆に弔いの言葉を述べる時には、喜びがあるというのです。人の心というものはそういうものでしょう。他人の不幸をお悔やみしながらも、心のどこか奥には、自分ではなくてよかったという思いが潜んでいるものです。

ところが、盤珪禅師の声には、そのような思いが一切感じられなかったというのです。声は嘘をつきません。この逸話は盤珪禅師の人となりをよく言い得ていると思います。

お年を召されてからも、足袋を履くのに、決して人の手を煩わせることをしなかったという話や、輿に乗っておられても、担ぐ人の苦労を思って、蹲踞しておられたという話などからも、慈悲深いお人柄が伝わります。

大勢の修行僧が集まって結制がなされる折のこと、一人の僧が掛錫《かしゃく》を乞いました。それより前に来ていた僧で、その僧の過去の行状をよく知っている者がいました。どうも、今度、掛錫しようという僧は、盗癖があって、過去にもよその道場で問題を起こしているというのでした。そのことを修行僧の監督係の僧に告げました。係の僧は、盤珪禅師に相談しました。

盤珪禅師は、修行というのは、そのような者のためにこそなされるものである、修行して悪い心が治るのなら、これほどの有り難いことはないではないかと言って、その盗癖のあるという僧も掛錫を許したのでした。

ある時の結制の折に、お金が紛失する騒ぎが起きました。ある僧が、自分に嫌疑がかかっていることを盤珪禅師に告げて、誰が盗んだのか詮議してほしいと頼みました。盤珪禅師は、その僧に本当に盗んではいないかと聞きました。そんなことはしませんと答える僧に、ではそれでいいではないかと言いました。盗人を捜し出さねば困りますという僧に対して、盤珪禅師は、一言「詮議すれば過人《とがにん》が出るが、それでもよいか」と。その僧も盤珪禅師のお慈悲の心にハタと気が付き感涙したのでした。

禅寺では今も雑炊《ぞうすい》をよくいただきます。お昼の食事で残ったお汁で夕方は雑炊を作っていただくのです。ところが盤珪禅師は、この雑炊を禁じたという話がございます。

ある夏の日、龍門寺で大勢の僧が集まる法会がありました、その時に出した汁がだいぶ余ってしまい、翌朝の雑炊に使いました。ところが夏のことで、いくらか腐りかけ、少し臭うようでした。盤珪禅師は、その雑炊を召し上がり、いたんでいることに気が付いて、このようなものを食べさせると、多くの者が腹をこわすかもしれない。もしそのようなことになれば、大きな過ちだ、僧というのは、皆仏になるべき身である、今後汁があまって腐りかけていれば捨てるようにして、雑炊にしてはいけないと諭されました。

その時に役を務めていた僧を寺から追放してしまいました。時の龍門寺の住持だった大梁《だいりょう》禅師も自ら寺を出て蟄居しました。数ヶ月の後、寺の老僧方がわびを入れ、ようやく二人は寺に戻ることができました。以来、盤珪門下では、雑炊を禁止にして茶粥を用いるようにしたそうです。また他人に慈悲深いことと同時に、自らを律することにも実に厳正でありました。ある時に味噌がいたんでしまいました。捨てることもできずに、盤珪禅師の高弟であった大梁の差配で、修行僧達はいたんだ味噌をいただいて、盤珪禅師には高齢でもあるので新しい味噌を使っていました。盤珪禅師は新しい味噌に変わったことに気が付かれ、これまでの味噌は使い切ったのかと給仕の僧に聞きました。僧は、皆は悪くなった味噌をいただいていますが、禅師には新しい味噌を出していますと伝えました。これは大梁の指示であるとも申し上げました。

盤珪禅師はすぐに大梁を呼ばれ、自分に新しい味噌を食べさせたのはまことかと糾しました。そうですという大梁に、それなら私に食べるなというに等しい、これよりはものを食べないと言って盤珪禅師は居間にこもって中から鍵を掛けて出て来られなくなりました。大梁がいくら詫びても許されません。七日食べずに過ごされました。大梁も食べずに詫び続けています。灘屋の主が聞きつけて、盤珪禅師に大梁もずっと食べずにいることを伝えますと、大梁がものを食べないのではいけないと言って出て来られたのでした。そして大梁に人の鑑となるべき師家が少しでも私意を胸にさしはさんではいけないと諭されました。

同じような話はほかにもあります。如法寺の奥旨軒におられた時のこと、皆は粟飯を炊いて食べていました。粟飯は歯の悪い禅師にお気の毒に思って、別に柔らかくご飯を炊いていました。そのことに気が付いた盤珪禅師は、皆と別のものは食べない、皆と別のものを食べさせようとするのは、毒を食べさせるのと同じだと言ったのでした。

毎日、朝と昼の二食でありましたが、それもきちんと秤で量って召し上がっていたそうなのです。

本書で講じたやさしい口調の説法からも慈悲深い様子がうかがえますが、自己に対しては徹底して厳しいものでありました。

盤珪禅師の教化

禅は中国の唐代に興り、その唐代の禅僧達の言葉を「公案」として参究するようになったのが宋の時代の禅であることを先に記しました。日本には南宋から禅が伝わりましたので、この公案禅が伝わったのでした。鎌倉時代のことです。公案は漢文で扱いますし、看話禅というのは、日本人にとっては漢文の理解が難しく、苦労が多かったと思われます。

鎌倉時代に、円覚寺の開山となった無学祖元《むがくそげん》禅師が来日された頃には、日本の修行僧は、書物を読み文字を覚えることのみに熱心で、参禅に重きを置いていないと嘆かれています。中国の僧と問答するためには、文字を覚えることに苦労されていたことが察せられます。

そのような傾向があって、室町時代から江戸時代にかけて、「密参録」というものが出回ってきたようです。公案に対する解答の覚え書きのようなものです。師の室内に入って、公案に対する見解や著語などを書かれたものを伝授されるのです。十分に修行して悟達の境涯に達した上で、そのような口訣《くけつ》を伝授されるのであれば、問題のないことですが、段々と禅の修行が形骸化してしまい、密参録をいただくことのみが重視される傾向ができてきました。もちろんのこと、どこまでも純粋に見性悟道を重視する禅僧もいましたが、だんだんと「密参禅」とまで呼ばれるようになってきていたのでした。

盤珪禅師が当時の禅を批判されたのは、このような状況下にあったからであり、「身どもが所で、そのような古ほうぐのせんぎはいたさぬ」と公案を用いることを否定されたのでした。如法寺の奥旨軒においては、数人の弟子には、公案を与えて参究させていますが、やはり生涯の中では稀であると思われます。

ではどのように弟子達を指導されていたのでしょうか。

『盤珪禅師語録』に収められている『贅語《ぜいご》』には、「師、衆を置く。規矩縄則を以てせず、而して自然に粛粛焉たり。所謂治めずして乱れず、令せずして正しきもの也」と書かれているように、盤珪禅師のお徳によって、細かな規則などで縛らずとも自然と粛粛と修行が行なわれていたのでしょう。

同じ『贅語』に出る話ですが、盤珪禅師の滅後に逸山《いつざん》が山科の地蔵寺にいた頃、古月《こげつ》禅師が訪ねてきて、盤珪禅師の振る舞いについて聞いたというのです。逸山は、盤珪禅師は平生何の規則も用いずにただ無事でいて、何も特別に変わったことはない、それでいて、機に応じて自在にはたらかれ、その奥深さを量り得ないことは古人のなかにも見られないほどだと語っています。

盤珪禅師は「只仏心で寝、只仏心で起き、只仏心で住して居るぶんで、平生、行住坐臥、活き仏ではたらき居て別に子細はござらぬわひの」と言うのです。

しかも「座の時でも、用事があれば立てもかまひはござらぬ程に、身どもが会下《えか》では、皆の衆の心次第にいたす事じゃ程に、一炷《いっしゅ》は経行《きんひん》をし、又立てばかりも居られぬものじゃ程に、一炷は座して、つとめて居るやうにさしゃれい」と言うのです。一日に十二炷を坐禅するようにということは決めていたようですが、坐っていても、経行といって一炷歩いていてもかまわないし、途中で用事があれば立ってもかまわないというのですから、今日の修行道場の坐禅とはずいぶんと異なります。

またある年の十二月一日の示衆《じしゅ》には驚かされます。十二月というと、今日でも臘八《ろうはつ》大摂心《おおぜっしん》といって、一日から八日の未明まで坐禅に集中するのであります。しかし、盤珪禅師は普段が定座《じょうざ》であって、諸方で行なっているように今日から定座ということはしないというのです。「あがきつとむる事はござらぬ」と言います。

しかも、眠る僧がいて、それを叩く僧がいると、眠った僧ではなくて、叩いた方の僧を叱ったのでした。眠れば仏心で眠り、覚めたら仏心で覚めるだけのことで、仏心が別のものになるということはないというのです。

今日の禅の道場から見れば極めて異例のようですが、この頃はいろんなことが分かってきて、たとえばここで説かれる、眠る僧を叩くという「警策《けいさく》」というものも、禅の歴史では古くからあるものではなく、江戸時代に明の国から入ってきたことが明らかになっています。

ですから、盤珪禅師が説かれることは特別に変わったことではなかったのです。もともと警策で打つというようなことはなかったのに、明の国から入ってきたのですから、そのように眠った僧を打つということはないと、本来のあり方を示したとも言えましょう。

臘八の大摂心にしても、最近の研究で、江戸期に日本に入ってきたことが分かってきました。今までそのような習慣がなかったところに、明の国から入ってきて、十二月一日から特別に坐るなどということをやりだしたので、そんなことは不要だと説かれたのでした。

それにしても、公案も何も用いずに一日十二炷という長い時間、坐禅をするということは大変なことであります。一炷が四十分ほどとすれば、十二炷でおよそ八時間ほどになります。今も修行道場では大摂心になれば、それ以上の時間を坐っていますが、容易なことではありません。

私なども長年禅堂で過ごしてきましたが、公案という課題を与えられるからこそ、何とかこの公案の見解を老師に認めてもらおうと骨を折って励むことができたものでした。何もない中でただ坐るということは、よほどの根気がないと無理なように思います。

現代でも、看話禅では一則の公案を、利刀のようにひっさげて、心中に沸いてくる雑念妄想を叩き切るような気概で坐ります。私もそのように教えられてきました。

盤珪禅師はというと、林貞尼に与えた書簡には、起こる念があろうとも、起こるままに、また止むままにしておけば自然と本心にかなうというのです。念は見たり聞いたりする縁によって起こるもので、実体のあるものではないと説かれています。

その通りなのでありますが、実際にこの通りに行なうと、ただ雑念にまみれて、座布団の上で空しく時を過ごすということにもなりかねないのではないかと思われます。

盤珪禅師は、『仏智弘済禅師法語』のなかで、「師曰、譬は往来の旅人、高き山の峯を通り、水なき所にて、水にかつえし時、一人遙なる谷え水を尋ね行き、此彼骨を折て尋ね求むに、漸く水を得て帰り、衆に与へ飲ましむるに、骨折なしに、居ながら飲む人も、骨折の人同前に、かはきはやむにあらずや。疑をなし水を飲まざる人の、かわきやむべき様なし。身どもは明眼の人に逢はざる故に、誤て骨折り、漸く自心の仏を見出し、各々え難行なしに自心の仏を申し聞せ知らせる所が、居ながら水を飲むて、かわきのやむが如し。如是人人具足の仏心其まま用ひ得て、迷の難行なしに、心の安楽を得たる事、たつとき正法にあらずや」と説かれています。

山道を歩いていて、水がなくなって渇きに困った時、一人の者が谷底へ降りて行って水を汲んできました。その水を皆に飲ませてあげました。骨折って水を汲んできた者も、何の苦労もなしに飲ませてもらった者も、同じように渇きはやむというのです。

盤珪禅師は、自分自身は眼の開いた指導者に出会えなかったので、骨折って修行して、ようやく「不生の仏心」に気が付いたのだけれども、皆には難行することなしに、この仏心を申し聞かせて心の安楽を得させることが、尊い正法ではないかと説かれたのです。

人は、往々にして自分が苦労すると、他人にも同じ苦労をさせようとしたりします。しかし、慈悲深い盤珪禅師は、そのようなことはさせませんでした。苦労は自分だけで十分だ、皆には話して聞かせてあげればよいとされたのでした。

しかしながら、この慈悲深さが果たして本当に伝わったのでしょうか。盤珪禅師の教えを継承する弟子達が、早くにいなくなってしまったということは考えさせられます。やはり時には、あえて千尋の谷底へ突き落とすような意地の悪さも、弟子の指導には必要だったのではないかと思いもします。

何の苦労もしなくて、自分の話を畳の上で聞いていればいいと説かれた盤珪禅師は、慈悲深いことはもっともですが、少々深きに過ぎたのではないかとも思います。

ただ不生の仏心のままでいればよいと言われても、取り付く島もなかった一面もあろうかと察します。そこで、いろいろな方法も必要だと論じたのが白隠禅師でありました。あえて公案を工夫させ、しかも階梯を設けて修行させるということを取り入れられました。盤珪禅師に言わせれば「造作なこと」なのでしょうが、この「造作なこと」が、初心の修行者には必要だったと思います。

あえて意地悪なことをするのも慈悲のひとつであり、白隠禅師は、それを「毒」と表現されました。あえて「毒」を食らわせることによって、自己本来の力を発揮させるのです。白隠禅師が『毒語心経』や『荊叢毒蘂《けいそうどくずい》』などという表題の書物を著されたのも、この「毒」でありましょう。

その今日的意味

盤珪禅師の教えを繰り返し聞いていると、何ともいえない安らかな気持ちになってきます。仏心はもとから具わっているのだから、なにも新たに造り出すものではないのです。何の造作もなしに仏心のままで安らいでいればいいのです。母の胸に抱かれるような安心感に満たされます。自己をそのままでいいと肯定してくれているのです。盤珪禅師の教えは、大いなる自己肯定でもあります。

それに対して看話禅は、自己否定であります。もちろんのこと、自己否定も大切なのですが、あまりに自己否定だけに偏り過ぎてしまうと、疲弊してしまいます。好肉上にわざと疵を付ける修行ですので、ややもすれば身心を痛めることにもなりかねません。

自己否定を根底に支えるものとして、自己肯定が必要であると感じています。大いなる自己肯定に支えられて、自己否定をするのがよろしかろうと思います。あたかも大相撲の力士が、壊れない土俵があるという安心感の上で全力でぶつかるように、人は皆不生の仏心を具えているのだという信を土台にして、その上で自己否定の看話禅を修めるのがよいと考えます。

これはなにも私が新たに考えたのではなく、古来、禅の修行は「大信根《だいしんこん》、大疑団《だいぎだん》、大憤志《だいふんし》」の三つからなると説かれているのです。大信根とは、人は皆不生の仏心を具えていると信じることで、その上で大いに古則公案を疑えばよろしいと考えています。

それから、今の臨済禅の修行が看話禅、白隠禅のみに偏っていることも考えるべきことであります。禅にはもっといろいろな祖師がいて、個性豊かなものでありました。白隠禅以外の教えは顧みないというのでは、かえって禅の命脈を弱くしてしまうのではないかと危惧します。異なる立場の教えを学ぶことによって、より一層内容が深まることがあります。

特講の細川晋輔老師の高説にもあるように、盤珪禅師も白隠禅師も共に目指していたものは同じであったと言ってよいでしょう。それは「見性成仏《けんしょうじょうぶつ》」という本来の禅を取り戻すことです。「見性成仏」とは、自己の心の本性を見とどけることによって、仏に成るという教えであります。これこそが、禅の眼目なのです。盤珪禅師も白隠禅師も共に「見性成仏」の人であり、この「見性成仏」を説かれたことには違いはないのであります。

盤珪禅師と白隠禅師とは、説き方も修行論も異なりますが、何を目指そうとしていたのかを共に学ぶことによって、本来の禅というものが、はっきりしてくると考えます。

そのような次第で、今『盤珪禅師語録』を読んでいるのです。

第一講「それがし生まれついて短気にござりまして」

僧問て曰、それがしは生れ附て、平生短気にござりまして、師匠もひたものいけんを致されますけれども、なをりませず。私も是《これ》はあしき事じゃと存まして、なをさふといたしますれど、これが生れ附でござりまして、直りませぬが。是は何と致しましたらば、なをりませうぞ。禅師のお示しを受まして、このたびなをしたふ存じまする。若《もし》なをりて国元に帰りましたらば、師匠の前と申、又私一生の面目とぞんじません《（う）》程に、お示しにあづかりたふ存まするといふ。

禅師曰、そなたはおもしろいものを生れ附れ《（い）》たの。今も爰《ここ》にたん気がござるか。あらば只今爰へおだしやれ。なをしてしんじゃうわひの。

僧の曰、ただ今はござりませぬ。何とぞ致しました時には、ひょとたんきが出まする。

禅師いはく、然らばたん気は生れ附ではござらぬ。何とぞしたときの縁に依て、ひょっとそなたが出かすわひの。何とぞした時も、我でかさぬに、どこにたんきが有《ある》ものぞ。そなたが身の贔《ひい》負故《きゆえ》に、むかふのものにとりあふて、我がおもわくを立たがって、そなたが出かして置て、それを生れつきといふは、なんだいを親にいひかくる大不孝の人といふもので御座るわひの。

人々皆親のうみ附てたもったは、仏心ひとつで、よのものはひとつもうみ附はしませぬわひの。しかるに一切迷ひは我身のひいきゆへに、我出かしてそれを生れつきと思ふは、おろかな事で御座るわひの。我でかさぬに短気がどこにあらふぞいの。

一切の迷ひも皆是《これ》とおなじ事で、我まよわぬに、まよひはありはしませぬわひの。それをみなあやまって、生れ附でもなき物を、我欲で迷ひ、気ぐせで、我出かして居ながら、生れ附とおもふゆへに、一切事に附てまよはずに、得居《えい》ませぬわひの。何ほど迷ひがたっとければ、仏心にかえて迷ひまするぞいの。みな一仏心の尊ひ事をしれば、迷ひたふてもまよはぬがほとけ、迷はぬがさとりで、外《ほか》にほとけになりやうはござらぬわひの。身どもがいふことをそばへよって、とっくりと能《よく》のみこんで、きかしゃれい。

そなたのたんきが出まするは、むかふの者がそなたの気にさかふたとき、我おもはくのやうになきに、おもはくを立たがって、むかふのものにとりあふて、我でに短気を出かして置て、たんきが生れ附でならぬといふは、親のうみつけもせぬなんだいを、おやにいひかぶする大不孝なんでござるわひの。むまれつきならば、今もあるはづなれども、生れ附でなさに今はござらぬわひの。そなたの短気といふは、六根《ろっこん》のゐんに対して、むかふのものにとりあひて、身のひいきゆへに、我おもはくを立てたがって、時々に我出かす事じゃわひの。

盤珪禅師の不生禅

私は盤珪禅師を日本の禅僧として注目すべき方であると思っています。と言いますのは、今の日本の禅宗、とくに臨済宗の場合は、江戸時代の白隠禅師の影響が非常に大きいのですね。白隠禅師の偉大な功績はさまざまに顕彰されている通りで、そのおかげで現在に禅がこうして伝わっている。これは言うまでもありません。しかし、その白隠禅師だけしか見ていないと、そこに偏ってしまい、一方的な見方になりはしないかという懸念も覚えるのです。

白隠禅師の功績は言うまでもありませんが、その白隠禅師が攻撃をされたのが、実はこれから学ぶ盤珪禅師という方でした。しかし白隠禅師が攻撃したからといって、捨て去っていいものではないと思います。盤珪禅師には盤珪禅師の素晴らしいところがあって、それはやはり省みなければ、禅の豊かさが失われていく。むしろこの、盤珪禅師のような方を学ぶことで、より一層、禅の見方が深まっていくのではなかろうかという思いもあるので、これから盤珪禅師の語録を学んでいきたいと思います。

盤珪禅師は西暦一六二二年のお生まれで、一六九三年まで、数えで七十二歳まで生きられました。江戸時代の初期に活躍された禅僧です。盤珪禅師のご誕生から六十四年後に、白隠禅師がお生まれになっています。盤珪禅師の生まれは播州ですから、今の姫路です。

盤珪禅師の生涯を見ますときに、大事なのが、十二歳のときの出来事です。「明徳について疑団を抱く」とございます。寺子屋でのことだったのでしょうか、『大学』という書物を学んでいました。その最初に「大学の道は明徳を明らかにするにあり」という言葉が出てきます。それを見て盤珪禅師は、「明徳とはいったい何であるか」ということについて、大きな疑問を抱かれました。

『大学』は儒教の書物ですから、最初は儒教の学者に聞いて回るのです。しかし、納得のいく答えが得られない。ある方から、そういうことは禅宗の坊さんに聞くのがいいだろうと言われて、禅宗のお寺を訪ねます。その和尚に聞くと、「明徳を知りたければ坐禅をしろ」と言われた。では、どれくらい坐禅をすればいいのですか、と聞くと、「明徳がわかるまで坐禅をしろ」と言われ、それからは自分なりの坐禅を続けます。

山の中に入って岩の上に坐り続けたり、断食して坐禅をしたりされました。最後の方になりますと、ほんの小さな四畳半くらいの小屋のようなものを作り、その中に閉じこもり、外から食事だけを運んでもらって、ひたすらその中で坐り続けます。とうとう、血の混じった痰《たん》を吐くようになったといいますから、肺の病気になったのだと思われますが、いよいよ、もうこのまま死ぬのではないかと覚悟していた時、これは二十六歳の時ですが、ふっと、気付くことがありました。

梅の花の香りがすうっとしてきて気が付いた、と表現されているところがございます。「一切は不生《ふしょう》の仏心《ぶっしん》で調う」と、これから説いていきます不生の仏心ということで、全てが解決するのだということに気付かれました。それから盤珪禅師という方は、いろんな方にも参禅していますが、生涯をかけて、その不生の仏心ということを説き続けてお亡くなりになった。

大きく言えば、一二歳のときに明徳は何かという疑いを抱き、自分流にひたすら坐禅を続け、二十六歳のときに全ては不生の仏心で調うという、不生の仏心に目覚められ、その後は、ひたすらその不生の仏心について説き続けて、数え年七十二歳でお亡くなりになった、という生涯。このように見ていいでしょう。

その間に姫路に龍門寺というお寺をお建てになる。それから伊予、今の愛媛県大洲に如法寺というお寺をお建てになる。それから江戸、東京の麻布に光林寺をお建てになる。この龍門寺、如法寺、光林寺の三つが、盤珪禅師がお建てになった根本の道場であります。そこでお坊さんたちだけではなく、一般の在家の人たちにも教えを説き続けた方でいらっしゃいます。

その盤珪禅師が残された語録を見ていきます。今回は宝暦八年、江戸時代の一七五八年に出された木版本「盤珪《ばんけい》仏智《ぶっち》弘済《こうさい》禅師《ぜんじ》御示聞書《おんしめしききがき》」、この一番の原典を見ながら、読み進めていきたいと思っております。

「僧問て曰。それがしは生れ附て、平生短気にござりまして、師匠もひたものいけんを致されますけれども、なをりませず。私も是《これ》はあしき事じゃと存まして、なをさふといたしますれど、これが生れ附でござりまして、直りませぬが。是は何と致しましたらば、なをりませうぞ。禅師のお示しを受まして、このたびなをしたふ存じまする。若《もし》なをりて国元に帰りましたらば、師匠の前と申、又私一生の面目とぞんじません程に、お示しにあづかりたふ存まするといふ」

今の私たちが読むと分かりにくい文章ですが、当時の江戸の人たちにとってみれば、話し言葉であったと思います。盤珪禅師に私が尊敬申し上げるところ、大変な功績だなと思うところは、こういう日常の言葉で禅の教えを説かれたところです。

禅の教え、とくに臨済禅の場合は、鎌倉時代に中国から入ってまいりました。鎌倉時代は日本のお坊さんが中国に渡って、中国で修行して日本に禅の教えを伝えました。最初が建仁寺のご開祖である栄西禅師。それから京都・東福寺をお建てになった聖一《しょういち》国師などという方も、日本から中国・南宋の国へ行って修行し、当地の臨済禅を伝えられた。

それから中国のお坊さんが日本へやってきて、禅の教えを伝えてくださる、というものもございました。建長寺のご開山、蘭渓道隆《らんけいどうりゅう》禅師、円覚寺の無学祖元《むがくそげん》禅師という方は、中国の方です。こうした方々が日本で臨済禅をお伝えくださったわけです。

当時用いていたのは漢文です。日本から中国へ渡った方々は、相当に中国の言葉を学んで、漢文で禅問答をなさっておられました。それから当然、中国のお坊さんが日本へ見えれば、中国語で説かれます。無学祖元禅師のような方は、日本の言葉がとうとうしゃべることができなかったと言いますから、全て漢文、中国語で説かれていたのです。日本の修行僧は中国の言葉を学んで、漢文で問答するというのが最初の頃でございました。

そういうわけで、漢文の語録というのが禅の一番大切なものとされてきました。日本の聖一国師にしても、時代は下りますが夢窓《むそう》国師という方も、あるいは大燈《だいとう》国師という方も、仮名法語《かなほうご》というものを残されていますが、やはり中心は漢文の語録で、仮名法語は少しくだけたものとしてしか説かれていません。やはり漢文でのやり取りが禅の主流でした。

そうした中でようやく、江戸時代の盤珪禅師に到って日本の言葉で説かれるようになりました。公案というものは、主に漢文の語録を参照しますので、漢文を使います。しかし盤珪禅師は、中国の言葉で問答するような公案は不要である、日本には日本の言葉があり、それで十分説いて示すことができる、というお考えでした。それで当時の日常の言葉で語ってくださったのです。お釈迦様なども、お説法というものは当時の人たちの日常の言葉でされたと思うのです。ですから盤珪禅師に到って、ようやく禅が日本の国に本当に根付いたと、私は見ているのです。そういうところにおいても、盤珪禅師の魅力、功績を感じるのです。

また、ご自身は大変な難行苦行と言いますか、命の危険に面するくらいまで修行をした結果、不生の仏心を悟られました。それからひたすら、そのことを説き続けられたという生涯です。では、その語録を読んでまいりましょう。

「どこに短気があるものぞ」

「僧問て曰」。盤珪禅師のところへ来ておられたお坊さんが質問をした。「それがしは生れ附て、平生短気にござりまして」、このお坊さんは生まれつき短気、すぐに腹が立って怒ってしまう。そこで「師匠もひたものいけんを致されますけれども」。ひたものとは、むやみに、やたらに、ということで、このお坊さんはお師匠さんからも、やたらと、お前は短気でいかん、直さねばならないぞ、とお叱りを受けていた。しかし「なをりませず」。私のこの短気はどうにも直らないのです。そこでこのお坊さんは「私も是はあしき事じゃと存まして、なをさふといたしますれど」、私自身もこの短気、すぐカッとなってしまう性格は悪いことだ、と思って直そうとするのです。直そうとするということは、まだこのお坊さんは見どころがあるのです。自分が短気だということに気付いているからです。そして、その性格をなんとかしたいと思っている。これだけで十分、このお坊さんはまだまだ見どころがあるのです。

盤珪禅師は皆仏心があると説いたのですが、仏心があるから短気であると気付くことができるし、それを直そうと思うのです。自分が平生短気であると気付いている心は、仏心の働きでしょうし、悪いことだと思うのも仏心があるからです。そしてそれを直そうと思うという心そのものが仏心です。このお坊さんが仏心を持っていることは間違いないのですが、そのことに本人は気付いていないのです。

そこでこのお坊さんはこう思ったのです。「これが生れ附でござりまして」。私の短気は生まれつきなんです、といったところが、盤珪禅師はお気に召さない。こんな勘違いをしてはいけないと、諄々と説いてくださるのです。

そのことに、このお坊さんは気付いていないので、短気は生まれつきだから直りません、というのです。「直りませぬが。是は何と致しましたらば、なをりませうぞ」。どうしたら直るのでしょうか、と盤珪禅師にうかがうのです。「禅師のお示しを受まして」、盤珪禅師は一代の高僧として当時の誉れ高かったので、「このたびなをしたふ存じまする」。そのお示しを受けてなんとか直したいのです。

「若なをりて国元に帰りましたらば」。この短気が直って国元に帰ったならば、「師匠の前と中、又私一生の面目とぞんじません《(う)》程に」。意味の上から考えると「ぞんじましょう」でしょう。面目は世間への顔向け。短気が直って国元に帰ったら、お師匠さんに対しても顔向けができるし、私自身の生涯にとってみても、世間様に対しても顔向けができると思っていますので、「お示しにあづかりたふ存ますするといふ」。ですからどうぞ、私のこの短気を直してください、とお願いしたのです。

すると「禅師曰、そなたはおもしろいものを生れ附《(い)》れたの。今も爰《ここ》にたん気がござるか。あらば只今爰へおだしやれ。なをしてしんじやうわひの」。あなたは珍しいものを生まれつき持っているというのだな。生まれつきならば、ここに短気があるか。あるならば、今ここへ、その短気を出してみなさい。出したならば、その短気を直してやろうではないか、といったのですね。

それに対して「僧の曰。ただ今はござりませぬ。何とぞ致しました時には、ひょとたんきが出ますする」。短気は、今はないのです。禅師の前にいるときには出ないのです。何かの拍子に私の短気はひょっと出るのです。ひょっと腹が立つ。

こう答えたので「禅師いはく、然らばたん気は生れ附ではござらぬ。何とぞしたときの縁に依て、ひょっとそなたが出かすわひの。何とぞした時も、我でかさぬに、どこにたんきが有《ある》ものぞ。そなたが身の贔《ひい》負《き》故《ゆえ》に、むかふのものにとりあふて、我がおもわくを立たがって、そなたが出かして置て、それを生れつきといふは。なんだいを親にいひかくる大不孝の人といふもので御座るわひの」。

それならば短気は生まれつきではない。生まれつきであるならば、ここへ出せと言われたら出すこともできるでしょうが、何かの拍子にひょっと出るものならば、生まれつきではない。何かの縁、縁というのは条件です。環境によって、例えば、人に何か言われたというようなことによって、その条件に出会って、あなた自身が短気を出しているのではないか。

語尾の「わいの」は方言のようなものだと思います。よく語尾にこれがつきますが、特徴的な言葉づかいで、こういうところも日常の言葉そのものだということがわかるところです。

ひょっとあなたが出すのだ。その何かをした時、何か言われたり、思いもかけないようなことに出会ったりした時にも、自分でその短気を出さなければ、どこに短気があるか。自分で短気を作り出しているのであって、何か気にくわないことがあったとしても、短気を起こさなければ短気などありはしない。同じことがあっても腹を立てる人もあれば、全然平気な人もあるわけです。短気をあなた自身が作り出しているのだ。あなた自身がどのように作り出しているかといえば、「身の贔屓故に」なのです。

身の贔屓ゆえに

この「身の贔屓」というのが、盤珪禅師の大事な教えの一つです。銘々が生まれながらに尊い仏心・仏性を持っている。まずそのことに気が付く。しかしながら、尊い仏心を持っていながら、我が身、自分のことをことさらに依怙贔屓《えこひいき》してしまうから、我が身を大事にする思いが短気として出て、怒りの心として現れてくるのです。あなたが自分自身を可愛がって、それで気に入らないものに対して、自分の思い通りではないので、勝手に自分で短気を出しておいて、それを生まれつきというのは何事か、というのがこの盤珪禅師の説なのです。

それは無理難題を親に言いつけるような大きな不孝の人だ。盤珪禅師からすれば、不生の仏心に目覚め、不生の仏心のままでいることが本当の親孝行である。不生の仏心を見失って、短気を起こしたりするのが大不孝である、というふうに説かれるのです。

「人々皆親のうみ附てたもったは、仏心ひとつで、よのものはひとつもうみ附はしませぬわひの」。一人一人、誰しも親から産んでもらったのは、仏心一つである。我々が生まれた時は、尊い仏様の心一つを産み付けてもらっているのだ。それ以外の短気だとか、憎しみ、ねたみというものは、親は何一つあなたに産み付けていないのだ。

そうであるのに「しかるに一切迷ひは我身のひいきゆへに、我出かしてそれを生れつきと思ふは、おろかな事で御座るわひの」。一切の迷いが、自分自身をことさら可愛がることから生じるのです。気に入らないものに対する怒り、憎しみ、ねたみというものを自分で作り出しておいて、それを生まれつきの短気だと思うのは、なんと愚かなことではないか。

「我でかさぬに短気がどこにあらふぞいの」。自分が短気を出さなければ、短気が勝手にあるものではない。自分が勝手に我が身の贔屓ゆえに作り出しているのだ。元来どこにもありはしない。「一切の迷ひも皆是とおなじ事で、我まよわぬに、まよひはありはしませぬわひの」。一切の迷いというのもこれと同じだ。自分が短気を出さなければ短気はない。自分が迷いを起こさなければ、迷いはないのだ。本来、仏心一つなのだ。そこに、迷いというものが空に浮かぶ雲のようにふわふわ起きてくるだけなのです。迷いというものを起こさなければ迷いなどないのだ。迷いという、大きな塊のようなものが心の中にあるというのでは決してないのである。迷わなければ迷いはない。

「それをみなあやまって、生れ附でもなき物を、我欲で迷ひ、気ぐせで、我出かして居ながら、生れ附とおもふゆへに、一切事に附てまよはずに、得居《えい》ませぬわひの」。それをみんな勘違いして、生まれつきでないものを生まれつきだと思って、我欲で、自分中心、我が身の贔屓のゆえに迷ってしまう。短気という悪い習慣をつけてしまう。パッと怒ったり、ものを欲しがったりする。そういう悪い習慣をつけて、自分で勝手に短気になったり、憎しみや怒りの心を起こす。それを生まれつきであると思い込んで諦めているから、何事にも迷わずにいることができないのである。「何ほど迷ひがたっとければ、仏心にかえて迷ひまするぞいの」。これが盤珪禅師の説かれることの大事な点の一つですが、迷わないためにはどうしたらいいか。それには、仏心の尊いことを知れば、迷うことはないのだ。迷いというものが仏心に比べて価値のないもの、大したことがないものと分かっていれば、人間は迷わないのだ。迷いが本当に尊いものならば、仏心をおろそかにして迷いに替えてしまうことがあるだろう。

しかしながら「みな一仏心の尊ひ事をしれば、迷ひたふてもまよはぬがほとけ、迷はぬがさとりで、外《ほか》にほとけになりやうはござらぬわひの」。仏心の尊いことを知ること、これを盤珪禅師は繰り返し、繰り返し説かれます。本当に仏心が尊いものであるということがわかってさえいれば、迷いたくても迷うことはないと説くのです。

例えば、食べ物、飲み物で、健康に良い素晴らしいものがあったとします。もう一方に体に良くないもの、発がん性物質であるとか、毒であるものがあったとします。どちらが健康にいいか。悪いものだと分かっていれば、わざわざ毒になるものを選ぶことはない。分かっていれば必ず体にいいものを選ぶ。それと同じで、私たちの心は本来もって生まれた仏心であって、それは清らかで慈しみ、思いやりの心です。その仏心が尊いのです。それに対して、迷い、ねたみ、憎み、苦しみは良いものではありません。悪いと分かっていれば、仏心をそんな悪いものに替えてしまうことはない。

盤珪禅師は我々がもって生まれた仏心が尊いものだということを、「不生不滅」の不生という言葉で表現されます。つまり、何かによって作られたものではない、もともと、初めから授かってあるもの、滅することも、滅ぶこともない、尊い仏性。それを知っていたら、わざわざ迷いの心に替えることはない。迷わなければ、あなた方はわざわざ努力をして仏になろうとしなくてもよい。本来の仏心はもともと具わっているので、わざわざ仏になろうとする必要はない。迷いさえ起こさなければ、あなたはそのままで仏の心なのだ。その仏の心、本来の心のままで暮らせばいいのである、と繰り返し、繰り返し説かれたのです。

「身どもがいふことをそばへよって、とっくりと能《よく》のみこんで、きかしゃれい」。盤珪禅師は、ご自分は厳しい坐禅の修行をされた結果、仏心に目覚めましたが、他の人にはそのことをよく話し、それを聞けばわかる、何も自分と同じ苦労をする必要はない、という立場を採っていました。

大変な苦労をした場合、人間は二種類に分かれます。後の人にも同じ苦労をさせなければならないという人と、後の人には自分がしたような苦労はさせたくはないという人。盤珪禅師は後者でした。それで、自分の言うことを何度も聞いて、繰り返しよく聞いて、仏心は尊いのだ、本来具わっている尊い仏様の心があるのだということを、何度も何度も聞いて理解すれば良いと考えていたのです。

六根の縁とは

「そなたのたんきが出ますするは、むかふの者がそなたの気にさかふたとき、我おもはくのやうになきに、おもはくを立たがって、むかふのものにとりあふて、我でに短気を出かして置て、たんきが生れ附でならぬといふは、親のうみつけもせぬなんだいを、おやにいひかぶする大不孝なんでござるわひの」。

あんたが短気を出すというのは、向こうから何かされた時、あんたの気に逆らうようなことを言われたりされたりした時に、自分が思ったようなことではないから、自分の思惑を立てて、自分はこのようであるのに、なんということをするのかと言って、相手に自分で勝手に短気を作り出す。勝手に短気を作り出しておいて、生まれつきでどうしようもありませんというのは、親が産み付けもしないものを親のせいにすることだ。これは大きな不孝なのだぞ、と諄々と、道理をひたすら、何度も何度も説き尽くしていく。これを聞く側も、何度も繰り返し、繰り返し聞いていれば、ああ、我々はもともと尊い仏心を持っているので、その尊い仏心を悪いものに取り替える必要はないのだと思うようになるのです。

「むまれつきならば、今もあるはづなれども、生れ附でなさに今はござらぬわひの」。生まれつきのものならば、今もあるはずだ。出せと言われれば出せるはずだけれども、生まれつきでないから今は出ないのだ。

「そなたの短気といふは、六根《ろっこん》のゑんに対して、むかふのものにとりあひて、身のひいきゆへに、我おもはくを立てたがって、時々に我出かす事じゃわひの」。あなたの短気、他にも貪り、貪欲さ、という迷い、怒り、腹立ち、愚痴という迷い苦しみ、煩悩と言われるものは、「六根のゑんに対する」。六根は、眼《げん》・耳《に》・鼻《び》・舌《ぜつ》・身《しん》・意《い》。つまり目、耳、鼻、舌、体、心。見えるもの、聞こえるもの、鼻でかぐもの、舌で味わうもの、体に触れるもの。そしてさらに心にあれこれ思うもの。それに対して、向こうに言われたものが気になり、我が身を可愛がっているから、気に入らないことを言われると、なんということを言うのかと、その時々に短気を自分で出しているのだ。

その結果、尊い仏心を短気に替えてしまう。今でも、カッカカッカと腹を立てると血圧にも良くないでしょうし、体にも毒素のようなものが出てくるだろうと思います。本来は仏心という素晴らしい、穏やかで慈しみ、思いやりに満ちた心をもって生まれながら、我が身の贔屓ゆえに勝手に迷っているのだ。この迷いを引き起こす構造、どのように迷いを引き起こすのか、これをよく理解していれば、わざわざ毒を好むことはないのです。

このように、仏心の尊いことを繰り返し説かれる。それを繰り返し聞いていく。そうすれば十分に、仏心の尊いことは身にしみていく。身にしみれば、尊い仏心を他のものに替えようというようなことはなくなっていく。迷いは自然におさまっていくのであると、盤珪禅師は生涯説き続けられたのです。

この段の説法はまだまだ続きますが、今日のところは、ここで一旦の区切りといたします。

第二講　一切の迷いのもとは

身のひいきせず、むかふにとりあはず、我おもわくたてぬに、どこに短気が出くるものぞ。出来はしませぬわひの。すれば身のひいきゆへに、我でにまよふ事じゃわひの。是《これ》にかぎらず、一切の迷ひは皆身のひいきゆへに、迷ひますわひの。身のひいきせぬに、迷ひは出来はしませぬわひの。是を能《よく》きかしゃれい。親のうみ附てたもったは、不生の仏心ひとつで、余のものはうみつけはしませぬ。それをそなたが、幼少なる比《ころ》（ころ）より、人の短気を出かすを見ならひ、聞ならひて、そなたも短気が気くせと成て、時々ふっとたんきを出かして、むまれつきとおもふは、をろかなことでござるわひの。今より前の非をしりて、此場《このば》からながくたんきをでかさぬやうにするに、なをすたんきはありはしませぬわひの。なをそふよりは、出かさずに居るがちかみちじゃわひの。出かして置てなをすといふは、造作な事むだ事といふもので御座る。出かさねばなをす事は入《いり》ませぬほどに、是をよく弁《わきま》へさしゃれい。

能《よく》がてんすれば、此《この》たんきひとことに附て、余の一切も迷はれませぬわひの。すれば常住《じょうじゅう》不生の仏心ひとつで居まして、よのものはありはしませぬわひの。其《その》不生の仏心で、今日いきてはたらき、一切の事がととのひまするゆへに、我宗を仏心宗といひ、又今日の活仏《いきぼとけ》といふものでござるわひの。直指《じきし》な尊ひ事ではござらぬか。

皆身どもに打まかせて、身ども次第にして、まづ三十日不生で居ならはしゃれたらば、それから後には、おのづから居とむなふても、いやともに不生で居ねばならぬやうになる物でござって、みごと不生で居らるるもので御座るわひの。不生成《なる》仏心でござる所で、平生《へいぜい》仏心ひとつではたらき居るといふ物でござるは扨。すれば今日の活ほとけでござらぬかいの、皆今日むまれかはったやうにして、あたらしうなって身どもが示しを聞しゃれい。手前にものがあれば、耳にいらぬ物じゃほどに、今あらたに生れかはったやうにしてきけば、始て示しを聞やうなもので、内に物がなさに一言の下でもはや聞とって、法成就《ほうじょうじゅ》しまするわひの。

迷いのもととは

今日は第二回目です。少し長い段落なので、前回の途中から続いて、キリのいいところまで読んでいきます。前回を思い起こしてほしいのですが、ある人がやってきて、自分は短気でしょうがない。短気をどうしたら直すことができるでしょうかと質問しました。

これに対して盤珪禅師は、生まれつき短気だというのならば、その短気をここに出してみなさい、そうしたら直してあげようという。するとその人は、今は短気はないのです。何かの拍子にふっと出るのです、それで困っていますという。すると盤珪禅師は、なにかの拍子にふっと出るというのならば、生まれつきではない。親が私たちに産みつけてくれたのは仏心一つだ、不生の仏心一つで他のものを産みつけてはいないのだと、繰り返し仰《おっしゃ》います。仏心以外のものは何も産みつけてはいないのに、ただあなたが我が身の贔屓《ひいき》のために、短気を起こすのだ、と。

ここで身の贔屓と言いました。盤珪禅師を理解するのに、「不生の仏心」「身の贔屓」、この二つのことばが非常に大切になります。本来、不生の仏心一つ。ところが身の贔屓、我が身をことさら贔屓して大事にする、依怙《えこ》贔屓をするから、外のものに対して気に入らなければ腹を立てるのです。短気は自分が起こしているのだ、それを親から産みつけられたように言うのは、親不孝ではないか、と示されたのです。

そこからさらに、短気ということ一つだけでなく、それは一切の迷い、苦しみに通じることなのだと、今日のところで説いてくださっています。

続きを読んでまいりましょう。「身のひいきせず、むかふにとりあはず、我おもわくたてぬに、どこに短気が出くるものぞ。出来はしませせぬわひの」。本来は親が産みつけてくれたのは仏心一つである。それ以外のものはない。短気が生まれつきということはない。短気は自分が我が身を贔屓して、自分をことさらに可愛がってしまうために起こるのです。

向こうのものというのは、六根の対象です。目で見たり、耳で聞いたり、さまざまなものに触れて、自分勝手な思いを抱いてしまう。好きなものはもっと欲しいと思うし、逆に嫌なものには腹を立て、腹を立てることが短気になったり、憎みや妬みの心になってしまったりする。そのように迷いは自分で作り出すのだというのです。

だから、その根本である身の贔屓、我が身をことさら可愛がるというようなことをせずにいれば、向こうのものに取り合うこともない。見たり聞いたりするものに心が奪われてしまうこともない。自分の思うようにしたいという心を立てなければ、どこに短気が出てくるというのか、出てくることはないのである。

「すれば身のひいきゆへに、我でにまよふ事じゃわひの」。一番の根本が我が身の贔屓。自分自身のことがことさらに可愛い、大事だと思うから、自分で勝手に迷いを起こして苦しむというものなのです。

「是《これ》にかぎらず、一切の迷ひは皆身のひいきゆへに、迷ひますわひの」。ここから盤珪禅師の教えの本質に入ります。あるお坊さんが短気が直らなくて困っています、というところから、この話は始まりました。短気などは生まれつきではない、どのようにして短気が起きるのかを盤珪禅師は聞かせたところでした。それは短気だけではないのだ、一切の迷いがそうなのだというのですね。

我々は生まれては、その後、迷い苦しむことを繰り返します。生きる上には、さまざまな迷い、苦しみがあります。その元は貪り、怒り、愚癡と申します。貪りは過剰なまでの欲望。怒りは腹を立てたり憎んだり妬んだりすること。愚癡というのは愚かさです。そこからさまざまな迷いが引き起こされますが、あらゆる迷いの根本原因は、銘々が自分自身のことを、ことさらに可愛がりすぎることにある。もちろん、自分が自分を大切にするのは当然です。自分で自分を守らなくてはならない。けれども、これが依怙贔屓となり、自分を過剰に守ろうとしてしまうことが原因で、迷いが起きるのだ。

「身のひいきせぬに、迷ひは出来はしませせぬわひの」。自分の身をことさら可愛がらなければ、迷いが出てくることはない。短気の原因だけでなく、一切の迷いの原因は身の贔屓だというのです。「是を能《よく》きかしゃれい」。ここのところをよく聞きなさい。

不生の仏心

「親のうみ附てたもったは、不生の仏心ひとつで、余のものはうみつけはしませぬ」。盤珪禅師の説法は繰り返しです。なぜ繰り返しが多いかというと、これはひとえに語られたものだからです。著作には、語ったものと、著述と、ふた通りあります。今日では、本人が執筆したものに価値があって、語ったもの、筆録したようなものは軽いもののように思われている節がないでしょうか。しかし、そうとも限らないと思います。むしろ、それは私たちの思い込みではなかろうかと思うのです。

とりわけ、お釈迦様やイエス・キリスト、孔子にしても、自分で著述することは、ほとんどなされていません。語りです。それを周りのものが筆録しました。仏教の経典もそうです。お釈迦様は自分で書物を書いてはいないのです。語った言葉です。語るということは、相手がその前にいて、相手に対して繰り返し繰り返し、言って聞かせるのです。聞いている方は、繰り返し聞くことで、その言葉、その教えの内容が深く理解され、体や心に染み通っていくのです。

その語りを文字にして書物にしますから、お釈迦様の残された『ブッダのことば――スッタニパータ』などを読んでみても、ずいぶん繰り返しが多い。例えば「犀の角のように一人歩め」。一回読めばわかりそうな言葉が、何度も何度も出てくる。それはやはり、語りだからです。語り伝えたものは、また語って伝えていかれる。同じ言葉を繰り返すことで、リズムが生まれて覚えやすくなり、伝えやすくなる。仏典の場合、最初のうちはそのように伝わったのでしょう。ですから、語りのものは繰り返しです。それを決して、冗長であると思わずに、私たちも素直に直接聞いているつもりで何度でも繰り返し学んでいくことが大事でしょう。

「親のうみ附てたもったは、不生の仏心ひとつ」。親が私たちに産みつけてくれたのは、この不生の仏心ひとつ。本来、仏心ひとつだ。「余のものはうみつけはしませぬ」。短気はおろか、迷いや悩みや苦しみを親が産みつけたということはないのだ。
「それをそなたが、幼少なる比《ころ》より、人の短気を出かすを見ならひ、聞ならひて、そなたも短気が気くせと成て、時々ふっとたんきを出かして、むまれつきとおもふは、をろかなことでござるわひの」。本来は仏心ひとつであった。ところが、小さい頃から周りの人が短気を起こして腹を立てている、喧嘩をしている、もしかしたら両親が短気を起こして喧嘩しているかもしれない。あるいは近所で短気を起こして喧嘩をしているのを見る、または聞く。そういうのが自分の心の習慣になってしまう。

気に入らないことがあれば、カッとなって言い返せばいいと思ったり、あんなことをすれば心地よさそうだな、と幼少の頃から思ったりして、短気を起こすことが自分自身の心の癖になる。そうした悪い習慣になってしまっている。これは後から付いた習慣です。それで、何かあった時にふっと腹を立てて怒ってしまう。軽はずみな行動をしてしまう。幼少の頃から自分でつけた習慣であるにもかかわらず、それを生まれつきだと思うのは愚かではないか。

「今より前の非をしりて、此場《このば》からながくたんきをでかさぬやうにするに、なをすたんきはありはしませぬわひの」。前の非を知る。これが悟りの大切な内容です。今までの誤りを知る、今まで間違っていたとわかる。生まれつきだと思っていたのはとんでもない間違いで、我が身可愛さのあまり、付いてしまった悪い習慣に過ぎなかったのだ。それを生まれつきなどと言って、親に申し訳ないことをしてしまったなと気付くのです。これまでの過ちには、まず我が身の贔屓があります。そして向こうのものに取り合う。自分の思惑を立てて、その通りにいかないものだから腹を立てる。一番の大元は身の贔屓にありますから、我が身の贔屓をせず、短気を出さぬようにしていれば、短気を直す必要はないというのです。

「なをそふよりは、出かさずに居るがちかみちじゃわひの」。直そうとするよりも、出さぬようにする方が近道である。その通りです。

「出かして置てなをすといふは、造作な事むだ事といふもので御座る」。短気を出さないようにすればいい。それには我が身の贔屓を起こさなければいい。向こうに取り合わなければいい。我が思惑を立てなければいい。それだけのことであって、出さなければ直す必要はありはしない。わざわざ短気を自分でこしらえて出しておいて、それを自分で直そうなどというのは無駄なこと、余計なこと、いらぬことだ。

「出かさねばなをす事は入《いり》ませぬほどに、是をよく弁《わきま》へさしゃれい」。短気を出さなければ直す必要はないのである。迷いも同じで、迷いを起こさなければ、迷いをなくそうということもいらないはずである。

「能《よく》がてんすれば、此《この》たんきひとことに附て、余の一切も迷はれませぬわひの」。このところをよく合点すれば、――これが盤珪禅師の教えの特徴です。道理をよく聞いてわかって納得すれば、それで十分教えは通じていく。何も難しい漢文を覚えたり、禅問答をしたりしなくても、ちゃんとよく聞いてなるほどと理解していけば、このような道理であるとわきまえることができる。短気一つだけでなく、あらゆる迷いもなくなる。

「すれば常住《じょうじゅう》不生の仏心ひとつで居まして、よのものはありはしませぬわひの」。迷うことがなくなれば、いつも変わることのない仏心一つであって、それ以外のものはないのである。

「其《その》不生の仏心で、今日いきてはたらき、一切の事がととのひますゆへに、我宗を仏心宗といひ、又今日の活仏《いきぼとけ》といふものでござるわひの」。その不生の仏心一つで、今日生きて働いていけばいいのである。仏心のままで暮らせばいいのだ。不生の仏心でいれば、一切のことが調うのだから、我が宗を仏心宗というのである。盤珪禅師は禅宗、臨済宗の方ですが、何も臨済宗、禅宗だということでなく、仏心を大切にするから仏心宗というのだ。本当の生きたままの生きた仏ということである、というのです。

「直指《じきし》な尊ひ事ではござらぬか」。禅の祖師である達磨大師が「直指人心《じきしにんしん》」と言いました。直に人の心を指差して、「見性成仏《けんしょうじょうぶつ》」、心の本質を見て成仏せしめるという教えです。直に互いの心を指し示し、その本質が仏であると——盤珪禅師の言葉で言えば、私たちの心の本質とは「不生の仏心一つである」ということを見るのです。そのことを見て納得したならば、成仏、つまり仏なのだ。盤珪禅師の教えと軌を一にするのです。これは端的に、回り道をせず直に説いてくださる尊いことであって、こんな素晴らしい教えがほかにあろうか。

仏心のままで暮らす

「皆身どもに打まかせて、身ども次第にして、まづ三十日不生で居ならはしゃれたらば」。皆さん方も私の言うことに、ともかく任せてみなさい。私の言う通りに、まずは三十日、不生でいることができたならば。

「それから後には、おのづから居とむなふても、いやともに不生で居ねばならぬやうになる物でござって」。ともかく三十日、身の贔屓をせず、向こうのものに取り合わず、我が思惑を立てずに、不生の仏心のままで暮らしてみたならば、その後は自ずから、不生の仏心でいたくないと思ったとしても、不生の仏心に落ち着いていなくてはならなくなるのです。

というのは、本来が仏の心ですから、そこにいることが一番の安らぎなのです。やはり、私たちもどんなに旅をしても、自分の家、自分の部屋、自分の住まいに戻るのが一番の安らぎです。不生の仏心は、私たちの心の一番の大元ですから、そこにいることが一番安らかで落ち着くのです。そんな所に居たくないと思っても、一番の落ち着きどころになっているのです。

ですから「みごと不生で居らるるもので御座るわひの」。不生の仏心の尊さに気付いて、それが本来一番の落ち着きどころだと気付けば、自然と不生の仏心に落ち着き、安らげるのだ。

「不生成《なる》仏心でござる所で」。不生の仏心一つで、成仏の道なのです。「平生《へいぜい》仏心ひとつではたらき居るといふ物でござるは扨」。平生何をしていても、仏心一つで働いているということなのだ。「すれば今日の活ほとけでござらぬかいの」。そうすればその人はそのままで、今日の生きた仏というものである。生き仏というと、特別の人、めったにないような人、到底私たちには及びもつかない人のように思われますが、盤珪禅師はみんな不生の仏心を持って生まれていて、その不生の仏心のままでいさえすれば、生き仏なのだといいます。何も余計なことは、いらないのだ。ただ自分の身の贔屓をせず、思惑を立てず、迷いを起こさずにいさえすれば、生き仏である。だから、不生の仏心のままで暮らしなさい、ということを説き示されたのです。こんな素晴らしい教えがあろうかと。

「皆今日むまれかはったやうにして」、皆さん、今日生まれ変わったようにして、「あたらしうなって身どもが示しを聞しゃれい」。新しい気持ちで、今日初めてこの教えにめぐり会うのだ、という気持ちで私の教えを聞いてください。

「手前にものがあれば、耳にいらぬ物じゃほどに」。しかしながら、人間というのは盤珪禅師の話を聞く前に、いろんなものが頭の中に入ってしまっています。仏道というのは長くかかるものだ、禅の修行というのは大変なものだ。長いこと坐禅をしなくてはいけない、難しい漢文を覚えて禅問答しなくてはならない、と思う。

ましていわんや、仏になるなどというのは、ごくごく限られた一部の特別の人の話で、我々がそのままで仏だなどという話はないであろう、と思う。自分であらかじめ蓄えているものが手前にあるわけです。そうした仏教などの知識があるから、盤珪禅師が当時、新しいことを言い始めたように思われたのでしょう。

ですから「今あらたに生れかはったやうにしてきけば」、今、ここで初めて生まれてきて初めて話を聞くのだ、というふうにして聞けば、「始て示しを聞やうなもので、内に物がなさに」、初めて話を聞くようなもの。自分が無一物であるから、「一言の下でもはや聞とって、法成就《ほうじょうじゅ》しまするわひの」。一言の元にその教えがすうっと入ってくる。

私たちには思い込みというものが、自然と付いているのだと思います。「あなたなんか駄目だ、もっと努力しなくては駄目だ」と言われ続けていますと、「ああ、やっぱり自分は駄目なのかな」と思ってしまいます。

でも「あなたは生まれた時から、不生の仏心一つです。あなたは素晴らしい仏心を持っていますから、そのままでいればいいのですよ」と、二つ三つの頃から言われて、そのまま大きくなったならば、どうでしょうか。たぶん、不生の仏心のままになるのではないでしょうか。そのように何もない状態で話を聞けば、なるほど盤珪禅師の仰せの通り、不生の仏心ひとつだとわかる。そうすれば仏道は達成される。

仏教の歴史から見れば、長く坐禅して、経典や語録を読んで、何らかの宗教的体験、見性《けんしょう》をして、さらに修行を重ねて仏法を成就していくというのが禅の立場でございましたが、盤珪禅師はそんなことはいらないとされたのです。いま、生まれ変わったような気持ちでこの教えを聞けば、何も余計なことをせずに仏法は成就するのだ、といった。ですから当時としてみれば驚きの説法でしょうし、何か新しいことを言い出したかのように思われても当然です。

盤珪禅師と唐代の禅

しかし、私は決して、盤珪禅師の説法を真新しいものとは思わないのです。逆にむしろ、禅の一番大元に通じると思うのです。中国の唐の時代、馬祖道一《ばそどういつ》という方がおられました。この方のお弟子が百丈懐海《ひゃくじょうえかい》禅師、そのお弟子が黄檗希運《おうばくきうん》禅師、そのお弟子が臨済禅師になるのです。私たちが学んでいる臨済禅師の教えの骨格は、この馬祖道一禅師のところで既に確立されていると思います。

その方が説かれたことの中に、平常心という言葉があります。「びょうじょうしん」と読むのですが、今日の「へいじょうしん」とはずいぶん趣きが違います。現在はスポーツ選手が「ここ一番というときでも『へいじょうしん』を失わずにいました」と言ったり、「どんな時にも『へいじょうしん』を失わないように努めます」と言ったりして使われていると思います。

しかし馬祖道一禅師の説く平常心は違います。「何をか平常心と謂う、造作無く、是非無く、取捨無く、断常無く、凡無く聖《しょう》無し」。

「へいじょうしんを失わないようにする」などというのは、この「造作」になるのです。「造作無く」は余計なことをしない。価値判断を加えない。

「取捨無く」。取捨は、煩悩を捨て悟りを開こうとすることです。そういう煩悩と悟りというふうに、二つに分けて考えることが造作なのです。

「断常無く」、滅するものに対して常に変わることがない、そのように二つに分けて考えることも造作なのです。そんなこともしない。

「凡無く聖無し」。凡は迷い、聖は悟りです。迷いと悟りを分けて考えることが造作です。強いていえば、ありのままの心としか言いようがないので、それが仏道にかなう一番の道である。

これは盤珪禅師の不生の仏心と非常によく通じるのです。盤珪禅師も余計なことをしない、造作なし、作りごとをしない、本来の心、という。これを馬祖禅師は平常心といい、盤珪禅師は不生の仏心と説かれたとみられるのです。


馬祖禅師のお弟子の百丈懐海禅師、そのお弟子の黄檗希運禅師、そのお弟子が臨済禅師ですが、臨済禅師はもう少し激しいというか、厳しい言葉で表現しておられます。このあたりは時代背景や、ご本人の性格によるところも多いと思いますが、『臨済録』の中にこのような厳しい言葉がございます。

「汝言う、六度《ろくど》の万行《まんぎょう》、斉《ひと》しく修すと。我れ見るに皆是れ造業《ぞうごう》。仏を求め法を求むるは、即ち是れ造地獄の業。菩薩を求むるも亦《また》、是れ造業。看経看教《かんきんかんきょう》も亦是れ造業。仏と祖師は是れ無事の人なり」。

「汝言う、六度の万行、斉しく修すと。我れ見るに皆是れ造業」。六度の万行、これは大乗仏教の大事な行です。布施《ふせ》、持戒《じかい》、忍辱《にんにく》、精進《しょうじん》、禅定《ぜんじょう》、智慧《ちえ》。大乗仏教を学ぶものは皆、修めなければいけない大事な修行です。あなたは、これをしているというけれども、臨済禅師から見ればそれは全て造作なこと、余計なこと、無駄ごとだ。

「仏を求め法を求むるは、即ち是れ造地獄の業」。仏を求めたり、仏法なる真実のものを求めようとするのは、造地獄の業であると、実に厳しく言われました。六度の万行というのは、迷いから悟りに到るための修行です。しかし盤珪禅師のように、迷いを起こさなければ、そのような修行は造作なことになるというのです。不生の仏心のままでいれば、そんなことはしなくていい。余計なこと、造作なこと。不生の仏心のままでいればいいのに、あえてどこかに仏を求める。不生の仏心のままでいる以上の真理はないのに、どこかで真理、法なるものを求めるのは、いらぬことどころか、地獄を造るような業である。

「菩薩を求むるも亦、是れ造業」。わざわざ菩薩になろうなどとしなくても、不生の仏心のままでいれば、仏であり菩薩だ、というのが盤珪禅師の教えです。

「看経看教も亦是れ造業」。お経を読んだり、祖師の教えを学んだり、それらも全て臨済禅師は無駄なことだと。

「仏と祖師は是れ無事の人なり」。ここまで臨済禅師は言い切りました。無事の人とは、このような造業をしない人です。あえて仏を求めることもない、六度の万行などもする必要がない。お経を読んだり教えを学んだりする必要もない。これらは全て、盤珪禅師の言葉で言えば、迷いを出かしておいて、迷いをなくそうとするための造業、余計なことである。盤珪禅師の言葉で言い換えるとすれば、無事の人というのは、不生の仏心のままでいる人のことです。馬祖道一禅師が平常心と言われた平常と同じことです。

ですから中国の唐の時代には、「平常無事《びょうじょうぶじ》」という言葉がよく説かれました。それを日本の江戸時代に到って、盤珪禅師がいみじくも、馬祖道一禅師や臨済禅師が説こうとしたのと、全く同じことを独自の表現で説かれているところに、私は注目したいのです。

ですから、単に江戸時代の禅僧の言葉を読んでいるのではないのです。当時としては、それまでの漢文の語録を使わずに独自の説法をした、まるで真新しいことだったように思いますが、私はこの盤珪禅師の教えを学ぶことによって、禅の一番大元の、馬祖道一禅師や臨済禅師の教えを学ぶことができると受け止めているのです。

今日のところはここまでにして、続きは次回読んでいこうと思います。

今、この話をしましたように、私が盤珪禅師の言葉を見ていますと、禅の一番最初の頃の、馬祖道一禅師、黄檗禅師、臨済禅師の頃の禅僧の教えと実に一致していると感じます。

盤珪禅師という方は特別の師匠を持たずに、自分で暗中模索するように一生懸命坐禅をして、二十六歳の時にふと気付いたと言われています。その間のことは、詳しくはわかっていません。

ある山へ行っては、倒れるまで坐っていたとか、もっぱら、自分流の坐禅に打ち込んだとされています。ひょっとしたら、『臨済録』や禅の語録のようなものも読まれていたのかもしれませんが、私が感銘を受けるのは、自分自身の心を見つめて、坐り続けて気が付いたことが、期せずして、唐の時代の馬祖道一禅師や臨済禅師が説かれたことと実に見事に一致するということです。

しかし中国においても、馬祖禅師や臨済禅師の教えに対して、時代が変遷していくにつれて、そのままではいけないという動きが現れます。臨済禅師が無事ということを言われたと説明しましたが、その無事ではいけないというふうに批判をする動きが出てきます。修行というのは、やはり努力して、力を込めて精進しなくてはいけない、という流れになってまいります。

これもまた盤珪禅師の場合と同じことでした。盤珪禅師は不生の仏心一つでいいと説かれましたが、そんな不生の仏心のままでいるのでは駄目だ、という批判が起きてくる。そうしたことを繰り返すのですが、私は本来の禅、禅の原点を盤珪禅師の語録を通じて学ぶことができると思っているのです。本来はこういうのが禅の教えであったと、その根本の姿を知ることができると思ってこの盤珪禅師の語録を学んでおります。

第三講　仏心は不生にして霊明なもの

かくのごとくに示《しめし》を聞て、出雲の国の俗人、禅師に問て曰《いわく》、禅師のお示しの通りなれば、むざうさに仏心で居れば、心やすうはござりまするが、余りお示しが軽過《すぎ》ましたではござりませぬかといふ。

禅師曰、仏心で居よといふが軽すぎるか。おてまへが、仏心をなんでもなふおもふて、腹を立ては修羅道にしかへ、我欲を出かしては、餓鬼にしかへ、愚痴を出かしては、畜生にしかへ、種々様々のものに、心をやすうしかへて迷ふが、それが軽すぎるわひの。身どもが示しは軽すぎはしませぬわひの。仏心で居るよりをもく尊ひ事は、また外《ほか》にありはしませぬわひの。したほどに、身ども次第にして、仏心で居るやうにおしや。仏心で居よといふ事は、かるい事のやうにおもはしゃれふが、をもひ事ゆへに、皆の衆が得《とく》仏心でござらぬわひの。それがかるひ事か。また仏心で居る事は、をもひやうにおもはしゃれふが、今是を聞こみて、能《よく》わきまへて決定《けつじょう》して、仏心でござれば、又骨《また》もおらずして、軽く心やすふ今日の活仏《いきぼとけ》で居るといふものでござるわひの。さうじゃござらぬか。身どもがいふを聞く、そなたが無造作に仏心で居る事は、心やすきやうにいへども、心やすふなさに仏心を修羅にしかへ、餓鬼にしかへ、畜生にしかへるわひの。詮なき事に付てもはらをたつるは、しゅら道をこしらへて居れば、死て後はいふに及ばず、修羅道に落る事は、しれた事じゃわひの。又我欲ゆへに、ひたもと仏心をよくにしかへ、欲は餓鬼の因じゃほどに今生きて居る内から、内証にはとっくりと餓鬼道の下地をこしらへて居るほどに、死て後餓鬼道に行事はいふに及ばず、明らかにしれた事じゃは。扨又《さてまた》我おもわくゆへに、益もなき事をくいくいと、ひたもの念に念をとんぢゃくし、かさねて相続して、得《え》おもひやまずして、仏心を愚痴にしかへる事じゃわひの。愚痴は畜生の因じゃほどに、今いきて居る内からして、畜生道に行事は、分明にしれた事じゃは扨。これを得しらひで。みないきて居る内から、三悪道のみちをとっくりと能《よく》こしらへて置て、皆三悪道の場どりをしてござるを見ますれば、笑止な事に思ひますするわひの。修羅にしかへず、餓鬼にしかへず畜生にしかへねば、おのづから仏心で居やうより外《ほか》に、しやう事がござらぬわひの。何とよく徹しましゃうの。

出雲国俗人の曰、御尤千万《ごもっともせんばん》、とかう申上べき様も御座なく、至極ありがたく存たてまつり候といふ。

禅師の曰、仏心は不生にして霊明《れいみょう》なものに極りました、不生なる仏心。仏心は不生にして一切事がととのひまするわひの。したほどに皆不生で御座れ。不生でござれば、諸仏の得て居るといふ物でござるわひの。尊ひ事ではござらぬか。仏心のたっとひ事をしりますれば、迷ひたふても迷はれませぬわひの。是を決定すれば、今不生で居る所で、死で後不滅なものともいひませぬわひの。生ぜぬもの滅する事はござらぬほどに、さうじゃござらぬか。

僧問て曰、禅師の平生御示しに不生で居よと仰られまするが、それではよのつねいたづらで、居るやうにぞんぜられまするといふ。

禅師の曰、よのつね不生の仏心で居るが、いたづらで居るといふものか。そなた衆が常に不生の仏心で居ずして、常に勝かせぎがつよさに、あれにかかり、これにかかりて、ひたもの不生の仏心を、余のものにしかへて居るが、それが徒《いたずら》といふものじゃわひの。

僧答なし。

禅師又曰。いたづらで居るといふものではござらぬほどに、不生でござれと仰られし也。

僧問て曰く、禅師の示しの通りで居ますれば、うっかりとして居るやうにぞんじまするといふ。

禅師曰、そなたの何のおもひがけもなくてござるに、うしろからせなかを人が錐《きり》でつかば、いたふおぼやうか、覚えまいか。痛ふ覚やうがの。

僧の曰、痛ふ覚えませうといふ。

禅師曰、それなれば、うっかりじゃござらぬわひの。うっかりならば、覚えぬはづなれども、うっかりでなさによく覚えまするわひの。それなれば、いつうっかりで居たといふ事があるぞひの。ありはしませぬわひの。したほどに、身どもにまかせて不生の仏心でござれとなり。

「仏心で居よというが軽すぎるか」

今までのことをおさらいしてみましょう。あるお坊さんが、自分は平生短気で仕方がない、どうしたら直りましょうか、と質問する。それに対して盤珪禅師は、短気は生まれつきではない、親が産みつけてくれたのは不生の仏心一つだ、短気というのは、あなたが自分の気に入らないことにあった時に、自分で勝手に作り出したものだ、それを親のせいにするのは不孝な話だ、親が産みつけてくれたのは仏心一つだ、ということを諄々と説いておられました。

そして、前回はその短気の問題だけでなく、一切の迷いも同じことだと示されました。短気を直そうとするのではなく、出さなければいいのだ。出さなければなくそうとする必要はない。迷いもそうで、私たちは本来は仏心だ、迷いを起こさなければ仏心のままだ、本来は仏心だ、というのが盤珪禅師の根幹の教えです。そして、迷わない努力をするのは造作であって、仏心のままでいればいいのだ、と前回説かれていました。盤珪禅師の教えでは、余計なことはしなくていい、不生の仏心のままでいればいい、ということです。今日は、これを聞いていたある方の質問です。

「かくのごとくに示を聞て、出雲の国の俗人、禅師に問て曰、禅師のお示しの通りなれば、むざうさに仏心で居れば、心やすうはござりまするが、余りお示しが軽過ましたではござりませぬかといふ」。前回のところで、三十日の間、不生の仏心でいられれば、その後も不生の仏心のままでいられるのだと説かれました。何の疑いもなく初めて聞くように聞いて、その通りに受け止めればいいのだ。造作をしない。それは禅の歴史から言いますと、馬祖道一禅師や臨済禅師が説かれていた平常心《びょうじょうしん》、造作をしない、無事というところに通じるという話もしました。しかし、中国においても馬祖禅師や臨済禅師に対する批判が起きてくるのです。平常心や無事では駄目なのではないかと。

ですから、それを聞いていた出雲の国の俗人、出雲は今の島根県です。そこから説法を聞きに来た、おそらく生真面目な努力家だったのでしょう。その方が禅師に質問した。禅師のお示し通りに無造作で仏心であれば、――無造作ですから、何のはからいもせずに、仏心でいればいいという教えは分かりやすい教えですが、しかし、それではあまりに教えが軽すぎるのではないか。そんな程度でいいのでしょうか、と聞くのです。

それに対して「禅師曰、仏心で居よといふが軽すぎるか」。仏心でいるということが、あなたのいうように本当に軽いことであるのか。

「おてまへが、仏心をなんでもなふおもふて、腹を立ては修羅道にしかへ、我欲を出かしては、餓鬼にしかへ、愚痴を出かしては、畜生にしかへ、種々様々のものに、心をやすうしかへて迷ふが、それが軽すぎるわひの」。あなたは仏心をなんでもないことのように思って、本来尊い仏心を持っていながら、何かに対してすぐに腹を立ててしまいます。腹を立てると修羅道に落ちてしまう。——地獄、餓鬼、畜生、修羅、人間、天上と、仏教では六道《ろくどう》というものが説かれています。六道は六つの迷いの世界です。腹を立てれば修羅道に落ちてしまう。自分の気に入らないものに対して腹を立てます。逆に気に入ったものに対しては、欲望を出して餓鬼に変えてしまう。さらに愚癡。愚癡というのは、「愚痴をこぼす」というように不平を言うような意味に使われますが、本来は愚かさです。仏教では貪り、怒り、愚癡とありますが、盤珪禅師はわかりやすく、過ぎたことをいつまでもくよくよと悔やんでいる、「愚痴をこぼす」、ということにかけて説いてくださっています。この愚痴は畜生になる原因です。

仏心でいることは決して軽いことではない。あなたが一瞬のうちに仏心を修羅道に変えてしまったり、餓鬼や畜生に変えてしまったりするように、ふっと迷いの心に変えてしまう。それが軽すぎるのだ。仏心であることは軽すぎることはないのである。こういう盤珪禅師の教えです。

「身どもが示しは軽すぎはしませぬわひの。仏心で居るよりをもく尊ひ事は、また外《ほか》にありはしませぬわひの」。私が説いているように、仏心のままでいればいい。仏心のままで暮らすというのは軽すぎることはない。仏心のままで暮らすこと以上に重く尊いことはないのだ。「したほどに、身ども次第にして」。ですから私がいうことをよく聞いて。「仏心で居るやうにおしや」。仏心で暮らすようにしなさい。

「仏心で居よといふ事は、かるい事のやうにおもはしゃれふが、をもひ事ゆへに、皆の衆が得《とく》仏心でござらぬわひの」。仏心でいるということは軽いことのように思われるかもしれないが、重いことなのだ。だから皆の衆が仏心のままでいることがなかなかできないのだ。仏心でいるということは軽いことではない、たやすいことではないのだ、というお示しです。

仏心を三悪道に仕替えて

しかし、そう言われていながら、このようにも言われています。「それがかるひ事か。また仏心で居る事は、をもひやうにおもはしゃれふが、今是を聞こみて、能《よく》わきまへて決定《けつじょう》して、仏心でござれば、又《また》骨もおらずして、軽く心やすふ今日の活仏《いきぼとけ》で居るといふものでござるわひの」。仏心でいるというのは軽いことではないと言っておきながら、今度は、しかしながら、仏心でいることは大変なこと、容易なことではないと思うでしょうが、今この話をよく聞いて、よくわきまえればいいのである、と仰います。

前にも、「よく合点する」という言葉が出ていましたように、よくわきまえて、なるほどと思えばそれでいい。その通りだと自分で決定《けつじょう》して動かないようになればいい。この固く決定するというところが、臨済禅師などが説かれたところの「信じる」ということになるのでしょう。「自信」、自らを信じることで、確信を得るということです。何もことさら骨を折る必要はない。

盤珪禅師自身は、若い頃に難行苦行とも言っていいような修行に骨を折られました。その結果、不生の仏心一つというところに到った。しかし後の人たちには、余計な苦労をしなくても、そのことをよく聞いてわきまえれば通じるのだ、と仰います。不生の仏心でいるならば、そのままで生きた仏でいるというものだ。

「さうじゃござらぬか」。そうじゃございませんか。実に親切に、たたみかけるように話してくださるのです。「身どもがいふを聞く、そなたが無造作に仏心で居る事は、心やすきやうにいへども、心やすふなさに仏心を修羅にしかへ、餓鬼にしかへ、畜生にしかへるわひの」。そうなんだけれども、と、また繰り返しです。仏心でいるのは決して軽いことではない。あなたは仏心でいるのを軽いことと言うけれども、そんなに簡単なことではない。その証拠に、すぐに仏心を修羅に変えてしまう。仏心を餓鬼の心、畜生の心に変えてしまうではないか。

「詮なき事に付てもはらをたつるは、しゅら道をこしらへて居れば、死て後はいふに及ばず、修羅道に落る事は、しれた事じゃわひの」。仕方のないことについて、いちいち腹を立てるのは、仏心を修羅道に変えてしまうこと。死んだ後に修羅道に落ちる。これは仏教の輪廻の考え方で、人間は六道に生まれ変わり、死に変わる。だから、死んだ後で修羅道に落ちるのは知れたこと。生きている間に腹を立てて修羅の世界を作り出しているのだから、当然のことである。

「又我欲ゆへに、ひたもと仏心をよくにしかへ、欲は餓鬼の因じゃほどに今生きて居る内から、内証にはとっくりと餓鬼道の下地をこしらへて居るほどに、死て後餓鬼道に行事はいふに及ばず、明らかにしれた事じゃは」。自分の好きなものを過剰に欲しがる。その我欲ゆえに、残念なことに、仏心を欲に変えてしまう。そして、欲望は餓鬼に落ちる原因だから、生きているうちから、餓鬼道に落ちる下地をちゃんと作っているようなものだ。それで死んだ後に餓鬼の世界へ落ちていくのは、言うまでもない、当然のことだ。

「扨又《さてまた》我おもわくゆへに、益もなき事をくいくいと、ひたもの念に念をとんぢゃくし、かさねて相続して、得《え》おもひやまずして」。何の意味もないことをいつまでも悔やんで、それを重ねて止めずにいて、「仏心を愚痴にしかへる事じゃわひの」。尊い仏心を愚痴に変えることになる。「愚痴は畜生の因じゃほどに」。愚痴は畜生の原因である。「今いきて居る内からして、畜生道に行事は、分明にしれた事じゃは扨」。生きているうちから畜生道に落ちる原因をしっかり作っているのだから、死んでから畜生道に落ちるのは言うまでもない。

「これを得しらひで」。これを知らないで、「みないきて居る内から、三悪道のみちをとっくりと能《よく》こしらへて置て、皆三悪道の場どりをしてござるを見ますれば、笑止な事に思ひまするわひの」。みんな生きている間に、三悪道、――つまり地獄と餓鬼と畜生を指すのですが、ここでは修羅を入れて、餓鬼と畜生としています。その三悪道を生きているうちからしっかり作っているようなものだ。三悪道の場所を、生きているうちから確保しているようなものだ。実にそういうのを見ると、せっかくの仏心を持ちながら、自分でわざわざ迷いの心を起こして、三悪道の場所取りをしているようなもの。なんと愚かな、笑うべきことではないか。

「修羅にしかへず、餓鬼にしかへず畜生にしかへねば、おのづから仏心で居やうより外《ほか》に、しやう事がござらぬわひの」。わざわざ修羅道や餓鬼道に落ちるのを止めようとしなくても、我欲を出さなければ修羅ということはない。争いの心を起こさなければ、修羅ということはないのです。我欲を起こさなければ餓鬼道ということもない。愚痴を起こさなければ畜生道ということもないのです。ですから、その怒りの心を起こさず、我欲を張らず、愚痴を起こさずにいれば、仏心でいるよりほかにしようがない。

「何とよく徹しましょうの」。ここのところをよくはっきりとさせようではありませんか。こんなに明白なことはないでしょう。そういうことをお話になったのです。

それに対して質問をした人は、「出雲国俗人の曰、御尤千万《ごもっともせんばん》、とかう申上べき様も御座なく、至極ありがたく存たてまつり候といふ」。ありがとうございました、盤珪禅師のお示しはまことにごもっともそのものです、と申し上げました。

仏心は不生にして霊明

そして、禅師が言葉を足して説明されました。「禅師の曰、仏心は不生にして霊明《れいみょう》なものに極りました、不生なる仏心、仏心は不生にして一切事がととのひまするわひの」。仏心は生じたものではない。誰かによって、何らかの条件によって作り出されたものではない。だから条件によって滅することもない。不生不滅の素晴らしいものだ。仏心は不生、その仏心で全ては調うのだ。「したほどに皆不生で御座れ」。そうであるから、皆この不生の仏心でいればいいのだと説かれているのです。

「不生でござれば、諸仏の得て居るというふ物でござるわひの」。不生の仏心のままでいるというのが、諸仏が得られたのと同じ心境でいるということだ。「尊ひ事ではござらぬか」。なんと尊いことだろうか。だから、仏のままでいればいい、というのが盤珪禅師の教えです。わざわざ外へ向かって求めるということはない。

そこで「仏心のたっとひ事をしりますれば、迷ひたふても迷はれませぬわひの」。仏心の尊いことを、禅の教えの本来の立場から言えば、坐禅修行によってそれを体得しろと説くのですが、盤珪禅師は余計なことはいらない、仏心がいかに尊いものであるか話を聞いてわかれば、迷いたくても迷われない。

三悪道の例えの話がありましたが、そんな苦しみの世界にわざわざ行こうなどとはしない。幸せな国へ行く乗り物と、苦しみの世界へ行く乗り物とは、はっきり分かれる。私たちはわざわざ苦しみの世界へ行く乗り物に乗ろうなどとはしないわけです。ここが素晴らしいところだと分かっていれば、必ずそこへ落ち着く。わざわざ苦労するような、苦しみを生み出すところに行くような乗り物があったら、それに乗ろうということはない。苦しみの世界の場所取りをするようなことはない。

「是を決定すれば、今不生で居る所で、死で後不滅なものともいひませぬわひの」。これを決定しなさいというのです。今、不生の仏心ということがわかれば、わざわざ不滅などということを言わなくてもいいのである。「生ぜぬもの滅する事はござらぬほどに、さうじゃござらぬか」。不生ということさえわかれば、滅することもありはしない。死んでどこかへ行くということも、ありはしない、不生不滅ということではないか。

こうしたお示しに対して、「僧問て曰、禅師の平生御示しに不生で居よと仰られまするが、それではよのつねいたづらで、居るやうにぞんぜられまするといふ」。これまた同じような質問です。盤珪禅師が平生のお示しでは、不生の仏心のままで居よと仰いますが、それでは何もしないでそのまま、というか、いい加減というか、いたずらにいるように思われます。そんなものでいいのですか、という問いです。

それに対して「禅師の曰、よのつね不生の仏心で居るが、いたづらで居るといふものか」。不生の仏心でいるということは、いたずらでいるというようなものではありはしない。

「そなた衆が常に不生の仏心で居ずして、常に脇かせぎがつよさに、あれにかかり、これにかかりて、ひたもの不生の仏心を、余のものにしかへて居るが、それが徒といふものじゃわひの」。あなたが不生の仏心でいることをしないで、脇かせぎ、——脇かせぎという言葉が出てきました。不生の仏心が主役なのです。その脇のこと、貪り、貪欲、怒り、愚痴といった心が強いから、あれにひっかかり、これにひっかかり、気に入らないものには腹を立て、気に入ったものは欲しがって、仏心をやたらと、貪り、怒り、愚痴というものに変えてしまう。「ひたもの」とは、「やたらと」という意味です。それがいたずらというものだ、いい加減だというのではないか。こう答えました。

こう言われては、「僧答なし」。このお坊さんも返答のしようがなかった。そこで「禅師又曰。いたづらで居るといふものではござらぬほどに、不生でござれと仰られし也」。仏心のままでいるというのは、決していい加減なことではない。ですから、不生の仏心のままでいればいいのだと、お示しになられた。

「僧問て曰く、禅師の示しの通りで居ますれば、うっかりとして居るやうにぞんじまするといふ」。これもまた似たような質問ですが、禅師のお教えの通りであれば、うっかりしているように、ぼやっとしているようにも思われますが、それでいいのでしょうか。そういう質問です。

それに対し「禅師曰、そなたの何のおもひがけもなくてござるに、うしろからせなかを人が錐《きり》でつかば、いたふおぼやうか、覚えまいか。痛ふ覚やうがの」。禅師は仰いました。あなたが何も思わずに、何かを意識していようとか、仏心のままでいようとか、そんなことを考えずにただ坐っている時に、後ろから誰かが背中を錐で突いたら、痛いと感じるかどうか、痛いと思うだろう。

「僧の曰、痛ふ覚えませうといふ」。そりゃあ、ぼやっとしている時でも、後ろから錐で突かれたら痛いですな。

「禅師曰、それなれば、うっかりじゃござらぬわひの」。突かれて痛い、というならば、それは決してうっかりしているというのではない。「うっかりならば、覚えぬはづなれども、うっかりでなさによく覚えまするわひの」。本当にうっかりしているのであれば、本当に不生の仏心がお留守になっているのであれば、痛いと感じないだろうけれども、うっかりでない証拠に、痛いと覚える。

「それなれば、いつうっかりで居たといふ事があるぞひの。ありはしませぬわひの」。だから、いつうっかりしていたということがあろうか。ありはしないのだ。人間は錐で突かれれば、ハッと痛いと感じる。それが不生の仏心でいる何よりの証拠だ。「したほどに、身どもにまかせて不生の仏心でござれとなり」。ですから私の言うことに任せて、不生の仏心でいなさい、という盤珪禅師の教えなのです。

唐時代の臨済禅師の語録などを見ても、相手が何かを聞くと、やおら一喝をしたり、理由なく横っ面をピシャッと張ったり、ということが説かれています。今であれば問題になるかもしれませんが、これは何も暴力ではなく、これと同じ道理なのです。今ここに、「喝！」といえば、「喝！」と、今聞こえることが、不生の仏心が働いているということなのです。ピシャッと打たれれば、痛い。仏心、無位《むい》の真人《しんにん》というのが、そこに生き生きと、すでにいる。そのことになぜ気付かないのか、ということを、盤珪禅師はこのように、後ろから錐で刺されたなら痛くはないか、痛ければそれは不生の仏心がある証拠だとずいぶん穏やかに説いてくださいます。こういうところは時代性、あるいは人の性格によるのかもしれませんが、しかし、示そうとしているものは同じなのです。

仏心と「脇かせぎ」

そういうわけで、今回のところをまとめてみますと、一切の人が本来持っているのは仏心である。今回は「脇かせぎ」という言葉が出てきました。主役は仏心であるのに、脇の方に貪りや怒り、愚癡という煩悩があり、それに変えてしまう。とくに盤珪禅師の場合は、貪りが餓鬼の世界を作る、怒りが修羅の世界を作る、愚痴が畜生の世界を作ると説かれています。

ほかのところでは、次のようにも言います。「妬む悪念は地獄の縁」。妬む悪念が地獄を作り出す。「ほしい惜しい等の欲念は餓鬼の縁」、欲しい、惜しいとの欲念が餓鬼の世界を作り出す。「後を悔やみ前を思うは愚痴にて畜生の縁」、いつまでも済んだことを繰り返して悔やむのは、愚痴をこぼすようなもので畜生の縁。地獄、餓鬼、畜生、修羅の世界、「これを四悪趣《しあくしゅ》といふ」。四種類の迷いの苦しみ、そんなことを作り出したら大変なことになる。そういうことをちゃんとわきまえていれば、わざわざ作り出すことはしないのである。

これも別のところで説かれている言葉ですが、「本来は不生の仏心のみなり、ただ気ぐせの客《きゃく》塵《じん》によって至極大切なる仏心を地獄などの悪縁にしかへる也」。悪い心の習慣がついてしまって、目で見たり耳で聞いたり、鼻で匂いを嗅いだり舌で味わったり、心であれこれ思うことで、気に入ったものは欲しがる、そうでないものには腹を立てる。

そして、これ以上のものはない仏心を、地獄などの悪いものに変えてしまっているのだ。それらの悪縁にしかえる大元が、身の贔屓でした。我が身の贔屓ゆえに、貪欲、怒り、愚癡を作り出し、自分で地獄、餓鬼、修羅、畜生という苦しみの世界を作り出す。

とくに禅、盤珪禅師の立場では、地獄や餓鬼といっても、何も死んでから行く世界というのではなく、今生きているうちに、自分で尊い仏心を餓鬼の世界に変えている、修羅の世界に変えている、畜生の世界に変えているではないかと説きます。それがいかに愚かなことか、よく理解していれば、本当は迷いたくても迷うことはないのだ。そう説いているのです。

それではいかにも教えが軽すぎるのではないか、という問いに対しては、繰り返し繰り返し、決して軽すぎるということはないと説いてくださっているのです。

不生の仏心のままでいればいいということなのですが、ただ、思うのはやはり、具体的に、不生の仏心でいるというのはどういうことなのか。我々としてみれば、具体的に何をすればいいのか知りたい、という気持ちがどうしても湧いてきます。しかし、そういう何か特別なことをしようということ自体が、盤珪禅師からすれば造作なこと、無駄なことであるわいの、と言われてしまうのでしょう。

そのように見ていくと、やはり不生の仏心のままでいるというのは、言うほどたやすいことではない。今日のところでは、不生の仏心のままでいるというのは、決して軽いことではない。重いことなのだと言っていましたが、そのあたりはやはり、修行の道であるから、そうたやすいものではないということも、お示しになっているのです。

盤珪禅師のお話は、何度も何度も聞いて理解をしていけば、それで迷うことはなくなっていくのだ、という教えですので、繰り返しが多いのですが、私たちも根気よく繰り返し、学んでまいりたいと思います。

第四講　盗人の名人の話

僧問て曰、それがしどもは、不断におるすで居まする事が多くござって、此事《このこと》を得明《えあき》らめませぬ程に、お示しを受まして、おるすでいぬやうに、致したふ存じまするといふ。

禅師の曰《いわく》、人々親のうみ附てたもった、不生の仏心は、霊明《れいみょう》なものでござって、不断人々おるすな事はござらぬが、そなたはいつお留守で居さしゃれた事がござるぞひの。そなたのお留守といふは、別の事じゃござらぬ。おるすといふものは、お留守じゃござらぬ。そなたが仏心を得しらぬによって、仏心のままで居ずして、仏心をあれにしかへ、是《これ》にしかへて、居るによって、何を聞ても、耳にいらぬわひの。仏心を物にしかへて居るといふもので、お留守といふものではござらぬわひの。おるすなものが、おるすをとふものかいの。おるすならばお留守な事もしらず、とひもせぬはづじゃわひの。みなよく寝入《ねいり》ても、おるすでなさに、人がよび起せば、返事をして起ますわひの。いつおるすな事がござるぞひの。此場《このば》でも其《その》とをり、以前以後とても、不断お留守じゃござらぬわひの。只今此場には一人もおるすな人もなく、また一人も凡夫《ぼんぷ》はござらぬ。みな親のうみ附てたもった、仏心一つどしの寄合《よりあい》でござるわひの。此場を立さりて、只今示しを聞て居る時のごとくにして、ふだん一切事をととのへてござれ。それなれば不生の仏心ひとつで、居るといふものでござるわひの。

我欲《がよく》がきたなさに、気ぐせを出かし、身のひいきをし迷ひます。仏心をしりぞき、つい凡夫になりますするわひの。もとに凡夫は一人もござらぬわひの。

同じ道をつれだちて、弐人《ににん》ゆきまするのに、一人は盗《ぬすと》をし、また一人は盗みをせぬ人でござれば、盗みをする人は同じ人で居ながら、盗人といふ名を、又《また》ほかに一つ附まして、かかげまはりまするわひの。又盗みをせぬ人は、世間に盗人といひ手もなく、ぬす人といふ名を外に、かかげまはりはしませぬわひの。ちょうど其ごとくに、盗人は凡夫にて迷ふ人なり。又ぬすみせぬ人は、仏心にてまよはぬ、不生の人でござるわひの。誰が親でもあれ、盗みをうみ附た親は一人もありはしませぬわひの。しかるに今幼少な時より、ひょとわるひ気が附そめて、人の物を盗み取て、次第に成人するにしたがって、我欲をば出かして、上手に盗みをしならひまして、皆盗みを得止《え》ませぬわひの。ぬすまねば、やめる事はいらぬに、人々不覚悟な事をばいはひで、人の物の盗みたきも、我生れ附でやめられぬといふ事は、扨々《さてさて》愚な事でござるわひの。

親がぬすみをうみ附ぬ証拠には、生れ生れの盗人はござらぬわひの。人のあしきくせを見ならひて、我欲で我盗みするではござらぬかひの。それを生れ附といふてよいものかいの。又盗みは我等が業がふかさに、得ぬすまずには居ませぬといひまする。我欲で気ぐせを久敷《ひさしく》つけた事はいはひで、業にいひなして、利口だてをいひて、皆居ますするわひの。笑止な事じゃござらぬかいの。業があって盗みは、しはしませぬわひの。我盗むが業じゃわひの。たとひ又業あらふとも、又生れ附であらふとも、非をしりて我ぬすまずに居ますするに、やまぬといふ事はござらぬわひの。盗みをせねば、やめる事はいりませぬわひの。たとへば、昨日までも大悪人でござって、千万人のものにうしろゆびをさされましても、今日従前の非をしりまして、仏心で居ますれば、今日からは活仏《いきぼとけ》でござるわひの。

身どもがわかき時分に、此元《ここもと》に名をかっぱと申、熊坂《くまさか》の長範《ちょうはん》などがやうな、大盗人がござったが、ひたもの人をはぎまして、金銀を取ましたが、盗人の妙を得ましたものでござって、むかふより人が来ますれば、あれは金銀を何程持て居るといふことをさして、いひまするに、少しも違はぬほどの、おそろしきものでござったが、あるときにとらへられ、大坂の牢へ久敷入て居まして、年ひさしくしてあまり盗人の名人ゆへに、殺されずたすかり、目明かしになりまして、其《その》後日《ご》あかしもまたゆるされ、はなしものに成まして、それからのちは、仏師になり、仏つくりの名人で、大坂に居ましたが、後生《ごしょう》願ひに成て念仏三昧で死ましたわひの。かっぱほどの大盗人も、おもひなをせば、後生ねがひに成て死ましたわひの。どこに業がふかさに盗み、罪がふかさに盗み、するものがござるぞいの。ぬすむが業、盗むが罪でござるわひの。盗みせねば、業も罪もありはしませぬわひの。盗みを致さふと、致すまひと、我心のままで、業じゃござらぬわひの。

只今かくのごとく申は、盗みする事ばかりでは御座らぬ。さうじて一切の迷ひは、皆盗みをするやうなものでござって、まよをふとも、又まよふまいとも、我心までござるわひの。まよふ人は凡夫、迷はねばほとけで、別に仏で居やうは是より外《ほか》に、ちかみちはござらぬわいの。さうぢゃござらぬかいの。みなの衆これをよく決定《けつじょう》めされい。

仏心が留守のとき？

前回のところで、盤珪禅師に質問された方がいました。盤珪禅師の言う通り、不生の仏心のままでいいという教えでは、あまりにも軽すぎるのではありませんか、というのです。しかし、それに対して盤珪禅師は、我々が本来もって生まれた仏心を、我欲によって餓鬼の心や修羅の心、畜生の心にたやすく変えてしまうことが軽いのであって、仏心のままであるのは軽いことではない、と説かれたのでした。

それに対して、まだ納得のいかないお坊さんがいました。仏心のままでいるというのは、ただそのままでいればいい、というような教えで、何かうっかりとしているようなことにも思われます。修行ですから、仏心に気付き、仏心を失わないように常に努力しなくてはならないのではありませんか。そのままでいればいいというのは、うっかりとしているようなものではありませんかというのです。
それに対して、盤珪禅師は聞いたのです。では、例えば、あなたが何も思わずに坐っていて、後ろから人が錐《きり》でチョンと突ついたら、痛いと思うか。お坊さんは、そりゃ痛いと思いますと答えました。禅師は、そうであれば、うっかりということではないと言いました。仏心がお留守になったり、うっかりすることはない。うっかりしていたならば、錐で突かれても気付かないはずだ。突かれて痛いと思うのは、仏心がうっかりとしていない何よりの証なのだと説かれたのでした。盤珪禅師は、私の言う言葉に任せて、不生の仏心のままでいればいいのだと示されたのでした。

今日のところは、また別のお坊さんが質問するのです。「僧問て曰、それがしどもは、不断におるすで居ますする事が多くござって、此事を得明らめませぬ程に、お示しを受まして、おるすでいぬやうに、致したふ存じまするといふ」。めいめい不生の仏心でいることが大切だと盤珪禅師は説かれました。それを軽く、たやすく、我欲のために、欲望が高じて餓鬼の世界を作り出す。餓鬼に落ちるというよりも、我々の我欲、わがままな欲望が、餓鬼という迷いの世界を作り出すのです。怒り、腹立ち、攻撃的な心になり、修羅の心を作り出す。いつまでも過去のことを悔やみ、畜生の世界を作り出してしまう。そのようなことをしないように、仏心を保っていかなくてはならない。

お坊さんはそう考えたのでしょう。ところが、我々はいつも、仏心を忘れてしまう。仏心がお留守、どこかへ行ってしまうことが多くございます。仏心を見失っているとでもいいましょうか。この教えをはっきりさせることができなかったので、今日こうして盤珪禅師の教えを受けましたからには、仏心が留守なことがないように、心がけていこうと考えております。このようにお坊さんが言ったのです。

仏心が留守でないように、仏心に常に気付いているように、意識して暮らしていこうと思いますという、一見立派な心がけのように思われます。しかし、お留守になるということに対して、盤珪禅師は、それは思い違いである、そういうことはないのであると説き進めていきます。

「禅師の曰、人々親のうみ附てたもった、不生の仏心は、霊明なものでござって、不断人々おるすな事はござらぬが、そなたはいつお留守で居さしゃれた事がござるぞひの」。盤珪禅師は仰います、親が私どもに産んでくださったのは仏心一つだと。これを繰り返し繰り返し、毎回毎回、説き続けていくのです。こういう教えは、ただひたすら聞き流すような気持ちで聞いていると、だんだん繰り返しが耳の底、心の底に残って、少しずつ、自分でも気付かぬうちに、心に深く染み渡っていくものですから、ああ、またかと思わずに、聞き流すような気持ちでいるのがいいと思います。

親がくれたのは仏心一つ。それは不生ですから、誰かによって作られたものではない。縁によって、条件によって作り上げられたものでもない。元来不生不滅である。それは実に素晴らしい、明らかな、はっきりとしたものであって、普段いつも、仏心がお留守だということはないはずだ。

お留守だと言ったことに、盤珪禅師は、それは違うと言いたいのです。あなたはいつ、お留守だったことがあるのですか、と聞いたのです。

「そなたのお留守といふは、別の事じゃござらぬ。おるすといふものは、お留守じゃござらぬ」。これは面白いところです。あなたはお留守と言いますが、そんなことはございませんよ。「いらっしゃいますか」、「今お留守です」というのであれば、留守だという人がいるのですから、留守ではありません。「仏心はお留守なことがございます」と言っている、その心が仏心なのです。言っているものが仏心なのですから、お留守だと言っていてもお留守ではない。「いません」と言っている人がいるのです。つまり、「仏心がお留守で困る」と言っているものが仏心なのだから、お留守じゃございませんよ、というのです。

「そなたが仏心を得しらぬによって」、あなたが仏心のことをわかっていないから、「仏心のままで居ずして、仏心をあれにしかへ、是にしかへて、居るによって、何を聞ても、耳にいらぬわひの」。あなた、まず聞きなさい、と言いたいのでしょう。仏心のままでいるということをしないで、仏心をあれにし変え、これにし変えというのは、欲望を出しては餓鬼の世界に落ち、怒り、腹立ち、妬みを出して修羅の心になってしまったり、いつまでも過去のことを悔やんで畜生の世界になってしまったり、尊い仏心をそのように変えてしまっているから、何を聞いても耳に入らないのだよ。

「仏心を物にしかへて居るといふもので、お留守といふものではござらぬわひの」。これもそうなのです。餓鬼の心、畜生の心になって地獄を作り出してしまったと言っても、それは仏心をそれらの心に変えてしまったというだけであって、仏心がお留守ということでは決してないのだ。尊い仏心をたやすく変えてしまっただけだ。お留守ということではないのだ。

「おるすなものが、おるすをとふものかいの。おるすならばお留守な事もしらず、とひもせぬはづじゃわひの」。本当にお留守であれば、今留守であるということもわからないのだ。今お留守でございます、ということは、それに気付いている人がいるわけですから、留守ですか、と聞くこともできないのだ。聞いているもの自体が仏心なのですから、仏心が留守だということは、ありはしない。ただ、仏心をわがままな我欲のために餓鬼や畜生や修羅の心に変えてしまって、気付いていないというだけのことなのだ。

寝ていても仏心

それからさらに、盤珪禅師の説法が続いていきます。「みなよく寝入《ねいり》ても、おるすでなさに、人がよび起せば、返事をして起ますするわひの。いつおるすな事がござるぞひの」。寝ているときはどうなのか。皆本来、仏心を持っているという教えは、大乗仏教の終わりの方から起こってまいりました。我々禅宗はその教えを受け継いでいまして、一切衆生はことごとく仏心を持っている、と説いています。

それに対して、昔もよく言われたのは、では寝ているときはどうなのか、ということです。仏心はないのじゃないか。深く寝入ってしまって、何も気付かないようなときは、仏心はお留守になっているのではないか、という質問がなされたこともあったのです。

それも踏まえてかどうか、盤珪禅師はさらに、皆さんが寝入っている時でも留守ではないのだ、というのです。盤珪禅師にしてみれば、寝ているという働き自体が仏心の働きなのです。仏心がお留守になり、どこかへ消えてしまって、どこかへ行っているというのではない。寝ている間も仏心は精妙な働きをしていて、寝ている間も心臓は動きますし、呼吸は絶え間ない。食べたものを消化したりして内臓は働いているのですから、お留守なことはない。その証拠に、おい、起きろといえば、目を覚まして返事をする。だから仏心が留守ということはないというのです。

後のところにも出てきますが、今でも坐禅というと、警策を持った和尚が回って、居眠りをしたり考え事をしたりしている人を警策でひっぱたくのです。そういうことが今でも行われて、あたかもそれが禅の修行のように思われていますが、盤珪禅師はそんなことをすると逆に、叩くお坊さんの方を叱ったのです。

叩かれたお坊さんを叱るのならわかりますが、叩く方を叱ったのです。仏心が寝ているのだ、尊い仏心が寝ているのに、それを叩くとは何ごとか。寝たからといって仏心が他のものに変わってしまうということはないのである。そんなことは余計なことだ、と盤珪禅師は言われました。

我々はつい、坐禅をして警策で叩かれると、これが修行のように思ってしまいますが、禅の歴史を忠実に調べてみましても、これはそれほど古い話ではないのです。おそらく盤珪禅師が活躍された頃に、中国からそのような棒で叩くという習慣が入ってきたようです。どうもそれ以前の仏教や禅の修行には、なかったものらしいのです。

ですから、今、私どもは、寝ている僧を叩いた方を叱ったというと、盤珪禅師はずいぶん変わった人のように思いますが、冷静に見てみますと盤珪禅師の方が正統派と言えます。中国の明の時代の頃から入ってきた習慣で、ああいう棒を作って罰のようにして叩くようになったようなのです。

盤珪禅師の教えからすれば、寝ている間も仏心が留守なことはないのですから、それを棒でひっぱたくというのは心得違いだと、叩いたお坊さんに対して諄々と仏心の道理を聞かせている、というのが後で出てきます。ですから寝ている間でも仏心が留守ということはないのです。

「此場《このば》でも其《その》とをり、以前以後とても、不断お留守じゃござらぬわひの。只今此場には一人もおるすな人もなく、また一人も凡夫はござらぬ」。今この場でもその通りだ。これ以前も後も、仏心が留守ということはありえない。今この場で聞いている、その聞くということそのものが仏心の働き、仏心の現れだ。仏心が留守であるということは一人もなく、誰一人凡夫では決してないのである。

「みな親のうみ附てたもった、仏心一つどしの寄合でござるわひの」。「どし」というのは「同士」です。仏心一つを持った者同士がよりあって、こうして暮らしているのだ。仏心以外のものはないのだ。皆親からの仏心一つをいただいている者同士が、こうして暮らしているのだといいます。

「此場を立さりて、只今示しを聞て居る時のごとくにして、ふだん一切事をととのへてござれ」。今こうして話を聞いている時は、仏心のままなのだ、腹を立てたり、あれが欲しいと思ったりすることもないし、昨日のことを悔やむこともない。今聞いている、それだけのことであって、我欲を起こすことのない不生の仏心のままである。その証拠に、外で鳥の声がしたら鳥の声として聞くことができるし、何の欲を起こすわけでもない。今、こうして話を聞いている状態と同じような心で、一切のことに対応していけばいいのだ。

「それなれば不生の仏心ひとつで、居るといふものでござるわひの」。そういうふうに、身の贔屓をして仏心を他のものにし変えずにおけば、それでいいのである。

「我欲がきたなさに、気ぐせを出かし、身のひいきをし迷ひます」。自分のわがままな欲望を出して、自分の悪い習慣を出して、すぐに腹を立てたり、物を欲しがったり、仕方のないことを悔やんだりする。それらは全て、自分自身を可愛がりたいという気持ちから起こる迷いだ。

「仏心をしりぞき、つい凡夫になりまするわひの。もとに凡夫は一人もござらぬわひの」。尊い仏心を他の心にし変えて、迷いの人間、凡夫になる。もともと凡夫ということはない。もともとは皆、仏心、仏だ。それをここから、盤珪禅師は盗みの譬えで表現されています。

「盗むが業、盗むが罪」

「同じ道をつれだちて、弐人《ににん》ゆきまするのに、一人は盗《ぬすと》をし、また一人は盗みをせぬ人でござればば、盗みをする人は同じ人で居ながら、盗人といふ名を、又ほかに一つ附まして、かかげまはりまするわひの」。同じ道を二人で歩いている。一人は盗みをする人、一人は盗みをしない人であれば、同じ人間だけれども、盗みをする人は、盗人という名前をもう一つ余分につけられる。「又盗みをせぬ人は、世間に盗人といひ手もなく、ぬす人といふ名を外に、かかげまはりはしませぬわひの」。盗みをしない人は、盗人と言われることもない。

「ちゃうど其《その》ごとくに、盗人は凡夫にて迷ふ人なり。又ぬすみせぬ人は、仏心にてまよはぬ、不生の人でござるわひの」。盗人は凡夫と呼ばれることと同じなのだ。盗みをしない人は盗人と呼ばれないように、迷いを起こさない人は凡夫と呼ばれることはない。迷いを作り出しさえしなければ、凡夫と呼ばれることはないのです。不生の仏心の人なのだ。

「誰が親でもあれ、盗みをうみ附た親は一人もありはしませぬわひの」。どんな親であろうと、我が子に盗みを産みつけたものはいない。「しかるに今幼少な時より、ひょとわるひ気が附そめて、人の物を盗み取て、次第に成人するにしたがって、我欲をば出かして、上手に盗みをしならひまして、皆盗みを得《え》止ませぬわひの」。それが、幼少の頃、物心ついてから、ひょいと悪い気が起きる。あれが欲しい、自分のものにしたいという気が起きて、人のものを盗みとってしまう。大きくなると、さらに我欲を出して、もっと大きいものが欲しい、もっと上手に盗もう、見つからないようにしよう、などと、「もっともっと」ということが習慣になり、盗みを止められなくなってしまうのだ。

「ぬすまねば、やめる事はいらぬに、人々不覚悟な事をばいはひで、人の物の盗みたきも、我生れ附でやめられぬといふ事は、扨々《さてさて》愚な事でござるわひの」。盗まないと、盗みを止めることもいらないのです。これは短気もそうですが、短気を出さなければいい。盗みも盗みさえしなければやめる必要はない。不覚悟な事というのは、そういうことに気付いていないことです。それをあえて言わずに、人の物を盗みたいというのが生まれつきで止められないというのは、実に愚かなことだ、というのですね。我欲で盗んでいるのに、生まれつき盗み癖があるなどというのは愚かなことなのです。

「親がぬすみをうみ附ぬ証拠には、生れ生れの盗人はござらぬわひの」。生まれた時から、何か盗んでいるという赤ん坊はいないのだ。「人のあしきくせを見ならひて、我欲で我盗みするではござらぬかひの。それを生れ附といふてよいものかいの」。誰かが盗みをしている。それを何かの縁で見てしまって、自分が欲しいものがあると盗む。それを生まれつきというのはとんでもないことだ。勘違いである。

また、業という人もいる。過去世になしたこと、宿業と言います。「又盗みは我等が業がふかさに、得ぬすまずには居ませぬといひまする」。自分は盗人という業を背負って生まれているから、盗まずにはいられない。これは自分の業でございます、という言葉。盤珪禅師はこれも批判されます。

「我欲で気ぐせを久敷《ひさしく》つけた事はいはひで」、業に責任転嫁をするようなことはけしからんというのです。自分の欲望で、自分で勝手にそのような習慣をつけておいて、それを棚に上げておいて、「業にいひなして、利口だてをいひて、皆居まするわひの」。いかにも業のせいである、宿業を背負っている、と利口ぶったことを言って取り繕っているだけだ。「笑止な事じゃござらぬかいの」。そんなのはお笑い種だ。

「業があって盗みは、しはしませぬわひの。我盗むが業じゃわひの」。実にその通りですね。業があって盗まざるをえないのではない。盗むという行為そのものが、業なのだ。これは、仏教の業の見方としては正しいのです。盗みそのものが業というものです。宿命のような、何か縛りがあって盗むというのではなくて、盗むという行為が業そのもの。ですから、盗まなければ、業はないのです。

「たとひ又業あらふとも、又生れ附であらふとも、非をしりて我ぬすまずに居まするに、やまぬといふ事はござらぬわひの」。たとえあなた方の思うように、業や生まれつきということを百歩譲って認めたとしても、よくないことだとわかっていて盗まずにいれば、それで終わりなのだ。盗みが止まないということは決してない。「盗みをせねば、やめる事はいりませぬわひの」。盗みをしなければ、やめる必要はない。

「たとへば、昨日までも大悪人でござって、千万人のものにうしろゆびをさされましても、今日従前の非をしりまして、仏心で居ますれば、今日からは活仏《いきぼとけ》でござるわひの」。ここから、さらに盗みについて深く説かれていきます。昨日まで大悪人で、千万人の人から後ろ指をさされたとしても、ああ、愚かなことであった、親が産みつけてくれたのは仏心一つである、それを盗人にし変えてしまったのは愚かなことだ、と気付いて仏心でいるようになれば、それは盗人という業をしていないのですから、その日から生き仏だ。

世の中では、一度罪を犯した人は、そのような呼び方をされたり、そういう見方をされたりするかもしれませんが、人間の本質、心の本質から言えば、それまでの非を知り、盗みをしなければ、そのままで仏心なのだというのです。

大盗人「かっぱ」の話

ここから、さらに「かっぱ」という、大盗人の話を譬えに出してきます。

「身どもがわかき時分に、此元《ここもと》に名をかっぱと申」、私が若い頃に、かっぱ、これはあだ名でしょうね。「熊坂《くまさか》の長範《ちょうはん》などがやうな」、熊坂長範というのは、平安時代の大盗人だそうです。石川五右衛門とかの類でしょう。「大盗人がござったが」、かっぱという大泥棒がいた。「ひたもの人をはぎまして、金銀を取ましたが」、ひたすら人から金銀を奪っていた。

ここからは少し、今の時代には通じない話になります。あまりにも見事な盗人の道を極めたというのか、どれほど盗人として優れていたかというと、「盗人の妙を得ましたものでござって、むかふより人が来ますれば、あれは金銀を何程持て居るといふことをさして、いひまするに、少しも違はぬほどの、おそろしきものでござったが」、人が歩いているのを見ると、あの人はどれくらい金を持っているかがわかる。では、どれほどかと調べてみると、本当にその通りだ。恐ろしいほどの盗人であった。

それが捕らえられて久しく大坂の牢屋に入っていました。江戸時代には十両盗めば打ち首だと言われて、盗みの罪は重かったと思われますが、「あるときにとらへられ、大坂の牢へ久敷《ひさしく》入て居まして、年ひさしくしてあまり盗人の名人ゆへに、殺されずたすかり、目明かしになりまして」、――目明しというのは十手持ちです。取り締まりをするお役人です。あまりにも名盗人であったから、殺されずにいて、今の世ではありえませんが、当時は取り引きと言いますか、おまえの罪は許すから、我々役人の手下になれというのですね。盗人の名人ですから、同業者の手口はよくわかっているでしょうから、盗人を取り締まるのに都合が良かったのだと思います。

それで十手持ちになって、しばらくして「其後《そのご》目あかしもまたゆるされ、はなしものに成まして」、一応罪を償う代わりに盗人の情報を駆使して、盗人を取り締まる目明しになった。目明かしというのは、岡っ引きともいって、盗賊や罪人を捕える人のことです。その目明しもある程度務めたので、放免になった。「それからのちは、仏師になり、仏つくりの名人で、大坂に居ましたが、後生《ごしょう》願ひに成て念仏三昧で死ましたわひの」。放免になった後は、仏師になった。それまで人のものを盗っていた同じ手で、今度は仏様を刻むこともできるのです。手そのものに、盗みをした汚れが残っているわけではありません。この手で、盗みをした時には盗む手ですが、それをしなければただの手なのですから、仏さまを彫れば、それはそのまま仏師の手なのです。これが仏教の業論の一つです。この後、極楽浄土に生まれることを願って、念仏三昧で死んだというのです。

「かっぱほどの大盗人も、おもひなをせば、後生ねがひに成て死ましたわひの」。かっぱほどの大盗人も心を改め、念仏の行者になって死んだのです。「どこに業がふかさに盗み、罪がふかさに盗み、するものがござるぞいの」。業が深い、罪が深い、それは盗むという行為をするかしないかだけである。業が深いだのということは仏心の教えにはないのだ。

「ぬすむが業、盗むが罪でござるわひの。盗みせねば、業も罪もありはしませぬわひの。盗みを致さふと、致すまひと、我心のままで、業じゃござらぬわひの」。その通りです。盗むということ自体が業であり罪なのだ。盗みをしなければ、業も罪もない。ですから、盗みをするのもしないのも、我が心一つが作り出すもの。宿業のような定めのような、決めつけたものはないのだ。

「只今かくのごとく申は、盗みする事ばかりでは御座らぬ」。このような話をしたのは、盗みのことだけを言おうとしたのではない。「さうじて一切の迷ひは」、あらゆる迷いは同じことだ。盗みをするのと同じであって、「皆盗みをするやうなものでござって、まよをふとも、又まよふまいとも、我心ままでござるわひの」。

迷うも迷わないも、我が心一つ。我が心が我が身を贔屓して、わがままを起こして、あれこれ欲しいと思い始める。それが迷いになるのだ。業というのは、言葉と心で思うことが業でございますから、あれが欲しいこれが欲しい、あの人が気に入らないというのが我が心の業です、それによって自分で迷いを作り出している。我欲を起こすことがなければ、仏心でいるのです。

「まよふ人は凡夫、迷はねばほとけで、別に仏で居やうは是より外に、ちかみちはござらぬわいの」。迷うのが凡夫、迷わなければ仏だ。貪り、怒り、愚癡を起こさなければ、仏なのだ。それより他に、努力をして仏になるものを作り出そうとするのは造作なのです。長い修行の果てに作り出そうというものではなく、仏心を他のものにし変えさえしなければ、親に産みつけてもらったままで仏なのだ。仏になろうとするのではなく、仏でいることが近道である、というのが盤珪禅師の教えなのです。これ以上の近道はないのだ。あれこれ手段を弄することが、かえって遠回りになる。

「さうぢゃござらぬかいの」。親が産みつけてくれたのは、みんな仏心一つ。ですから「みなの衆これをよく決定《けつじょう》めされい」。盤珪禅師の教えでは、よくこういう話をとっくりと聞いて、心に染み透るまで聞いて、合点をすれば、迷いたくても迷うことはなくなるのだ、というのです。

今日の盤珪禅師の話を読んで思い出したのは、円覚寺の朝比奈宗源老師が説かれた仏心の一節です。「仏心には罪や汚れも届かないから、仏心はいつも清らかであり、いつも安らかである。これが私たちの心の大本である」。

もちろん、現実に罪を犯せば、現代では法律で裁かれ、罪を償うことが必要です。それは言うまでもありません。しかし、その人の心の本質、どんな罪を犯した人であろうと、罪を犯したがために、その人の心が一生罪人の心になって、汚れた心のままで生き続けるわけでは決してない。今までの非を知り、法律の定めるところで罪を償えば、仏心には罪や穢れは残らないのである。いつも清らか、安らかである。

しかしそう思っても、その仏心をまたわがままな欲望によって、我が身の贔屓によって、勝手な思い込みによって、憎しみや怒り、愚痴をこぼすことをしたならば、その時は一瞬のうちに地獄になり、餓鬼になり、畜生になる。我が心の持ちようで、迷いの世界を作り出す。そのことの非、愚かさに気付き、二度とそのようなことをしないとすれば、いつも清らか、安らかである。これが私たちの心の大元なのです。

これは盤珪禅師が説かれる不生の仏心そのものです。私たちは不生の仏心で生まれてきていて、誰一人、不生の仏心でないものはないのです。

今日のところはここまでにしておきます。ありがとうございました。

第五講　修行は是か非か

ある人問て曰、皆人が申は、禅師には他心通《たしんつう》がござると申が、左様でござりまするかといふ。師こたへて曰、我宗に其《その》やうな奇怪な事はござらぬ。たとへござっても、仏心は不生なものでござる所で、もちひはしませぬわひの。身どもが皆の衆の身の上の事《こと》ひはんをしてきかせるによって、他心通があるやうにおもはしゃるれど、身どもに他心通はござらぬ。みなの衆と同じ事でござるわひの。不生で居れば諸仏神通《じんつう》のもとでござる所で、神通をたのみませひでも、一切事がととのいて、埒《らち》が明《あき》ますするわひの。いろいろさまざまの脇事《わきごと》をいはひでも、不生の正法《しょうぼう》は、皆身の上のひはんですむ事で御座るわひの。

ある人問て曰《いわく》、それがしもずいぶんと存て、修業仕《つかまつ》り進《すすん》で退かず存たれども、どふでもしりぞく方がつよふござりまして、退屈仕りまするが、是《これ》はいかが致したらば退かぬ様に成ませうぞといふ。

師の曰、不生の仏心でござれ。不生の仏心で居れば、すすむ事もなくしりぞく事も入《いり》ませぬわひの。不生で居ますれば、すすまふとしまするが、はや不生な場を退くといふものでござるわひの。不生の人は進退にはあづかりませぬわひの。常に進退を超て居まする事じゃわひの。

僧問て曰、それがしは久しく百丈野《ひゃくじょうや》狐《こ》の話《わ》を提撕《ていぜい》いたし、骨を折ますれども、いまだ会得いたしませぬが、是は唯《ただ》工夫の純一ならぬゆへかと存じまする。ねがはくは禅師開示し玉へといふ。

禅師の曰、身どもが所で、其やうな、古ほうぐのせんぎはいたさぬ。そなたはいまだ不生にして、霊明なる仏心じゃといふ事をしらぬ程に、いふて聞しませう。それで埒の明事《あくこと》じゃ程に、身どもがいふをとっくりと、能《よく》きかしゃれいと有《いう》て、常のごとく不生の示しをしたまふなり。此僧《このそう》聞てふかくうけがふて、其後《そのご》衆人に超出せりといふ。

又かたわらなる僧問て曰、然らば古人の古則話頭《こそくわとう》はやくにもたたず、いらぬ物でござりまするかといふ。

禅師の曰、古徳の一挨一拶《いちあいいっさつ》は当機覿面《とうきてきめん》に即問《そくもん》をふさいだ分《ぶん》の事《こと》で、別に用事なし。身どもの口からいるものとも、いらぬものとも、役に立ものとも、たたぬ物ともいはふやうはおじゃらぬ。人々只《ただ》不生の仏心で居れば、それですむほどに、相すむ事に又脇かせぎをしやうやうはござらぬわひの。したほどに不生でゐるやうにしたまへ。只お手まへは、ひたもの脇かせぎがつよさに、却而《かえって》それに迷はさるるほどに、それをやめて只不生にして、霊明なる仏心に、相きはまった程に、不生の仏心で居るやうにしたまへと也。

「我が身の上の批判」とは

第五回となります、『盤珪禅師語録』を読んでまいります。その前に、盤珪禅師の教えというのを、おおよそまとめましょう。盤珪禅師が一貫して説き続けたのは、我々の本来性であり、もともとは不生の仏心一つなのだということです。不生というのは生じたものではない、修行によって形成されたり、条件によって生み出されたりしたものではない、ということです。

これは、駒澤大学の小川隆先生が、その著書『禅思想史講義』（春秋社）の中で、「後天的に新たに生み出されたものではなく、もともと具わっているもの」であると解説してくださっています。ところが、我々は我が身の贔屓、自分自身をことさらに可愛がる心のために、見たり聞いたり味わったりすることに対して、貪りの心、怒りの心、愚痴、愚かさという心を起こして、迷いを自ら作り出してしまう。

それで盤珪禅師はこう話しました。貪欲、自分の気に入ったものを欲しくなる心が、餓鬼の世界を作り出す。気に入らないものに腹を立てて、修羅の世界を作り出す。愚かな愚癡の心は、畜生の世界を作り出す。六道輪廻《ろくどうりんね》と申しますが、古くは五道輪廻と言いました。五道は、地獄、餓鬼、畜生、人間、天上です。六道になると、地獄、餓鬼、畜生、修羅、人間、天上と続くのです。

これを我々は地獄という世界があり、そこへ落とされてしまうとか、餓鬼や畜生という世界がどこかにあって、そこへ落とされてしまうというふうに考えがちです。しかし盤珪禅師はそうではない、めいめいの貪欲の心、怒り、愚かな心がそういう世界を作り出すのだと教えます。

妬む悪念は地獄を作り出す。欲しい欲しいの欲念は餓鬼を作り出す。後を悔やみ前を思うは愚癡にて畜生の縁。地獄、餓鬼、畜生が三悪道。そこに修羅を加えて四悪趣《しあくしゅ》。自ら贔屓をするゆえに、そういう迷いの世界を作り出すのだ。気ぐせ、悪い習慣、これが向こうのものに取り合うことから起こると盤珪禅師は仰っていますが、目に触れ、耳に入るものに対して、我が身の贔屓ゆえに貪りや怒り、愚痴という反応をしてしまう。それによって、至極大事な仏心を悪縁に変えてしまう。一切の迷いの根本は我が身の贔屓です。

ですから、盤珪禅師の教えをまとめますと、本来は不生の仏心一つ。それが、我が身を可愛がるために、貪りや怒り、愚癡、愚かさという迷いを自ら作り出して、地獄や畜生、餓鬼、修羅という迷いの世界を生み出すのだ。こういう道理をよく理解し、我が身の上の批判さえすれば、そのことが明らかになるというのです。

本来が仏心ですから、何かになろうとすること自体が造作なこと、余計なこと、無駄なことだと一貫して説きます。今回のところは、その中でも臨済宗の者が一生懸命取り組んでいる公案の修行、禅問答が取り上げられています。公案というのは、元は公の法則条文という意味でしたが、そこから「私情を容れずに遵守すべき絶対性」という意味合いになり、真理を追究する問答を公案というようになりました。木版本を見ながら学んでいきます。

「ある人問て曰、皆人が申は、禅師には他心通《たしんつう》がござると申が、左様でござりまするかといふ」。ある人の質問です。盤珪禅師には他心通があると皆が申しますが、本当でございますか。

他心通が何か、まず学ばなくてはいけません。六神通《ろくじんつう》という、人智を超えた不思議な特別な神通力があります。六つあるうちの一つは天眼通《てんげんつう》。あらゆるものの状態を見ることができる。どういうものが、どういうものに生まれ変わるかを含め、生きとし生けるものの全てを見通すことができる能力です。天耳通《てんにつう》は、我々人間が聞こえないような音が聞ける能力。他心通、これがここで問題になっていますが、他人が考えていることを知ることができる能力です。

宿命通《しゅくみょうつう》というのは過去世のことを知る能力です。私たちは今生《こんじょう》に生まれてくるときに前世のことを忘れて生まれてくるのだと説かれますが、過去世において何をしていたか、どういう自分だったか思い出すことができる能力を言います。漏尽通《ろじんつう》は、自分の煩悩を尽くすことができる能力。神足通《じんそくつう》は、ここまでの五つの能力に含まれない、さまざまな超能力。例えば飛んでどこかへ行くとか、いろいろなものに姿を変えることなどをいいます。そういうのを合わせて六神通と言いました。このうち、天眼通、宿命通、漏尽通の三つを三明《さんみょう》という場合もあります。

ここでの質問は、盤珪禅師は人の心が読めるような人だという噂がありますが、本当ですか、というものです。それに対して「師こたへて曰、我宗に其やうな奇怪な事はござらぬ」。我が宗、盤珪禅師は仏心宗という言い方をされました。仏心一つの教えであるから、そんな特別変わったようなことはないのだ。

「たとへござっても、仏心は不生なものでござる所で、もちひはしませぬわひの」。そんな神通力などよりも、仏心はずっと尊いものである。仏心は不生なもの、不生は本来、もともと具わっているという意味です。作り上げたり、努力によって形成したりするもの、条件によって作られたりするものではなく、もともと存在するもの。そして、なくなることのないものであるから、神通力のようなものを、たとえあったとしても使う必要はないのである。

「身どもが皆の衆の身の上の事《こと》ひはんをしてきかせるによって、他心通があるやうにおもはしゃるれど、身どもに他心通はござらぬ。みなの衆と同じ事でござるわひの」。盤珪禅師は、皆さん方の身の上の批判、それは今申し上げた通りで、我々は元は仏心一つであるのに、我が身をことさらに可愛がるので、心地良いものは自分のものにしようと思うし、不快なものは怒りの心をもって遠ざけようとする。そうして愚かな心、何も知ろうとしない無智な心によって、地獄や餓鬼や畜生という三悪道、修羅の世界を加えて四悪趣の迷いの世界を作り出すのだ。

そういう身の上の批判というのは、人間であれば誰しも共通のことです。万人に共通の教えをしているので、聞いている方は自分の身にも当てはまることになります。ですから、聞いていた人は、自分自身も姑さんなり嫁さんなりに対して、我が身の贔屓のゆえに腹を立てて憎しみ妬みの心を起こして、いつの間にか地獄の世界、修羅の世界を作り出すところであった。なんと、盤珪禅師は私の心の状態を見透かして、話をしてくださったのではないか。まるで今の私の心の内を、盤珪禅師は見通してくださっているのではないか、と感じたのですね。それで、盤珪禅師はまるで人の心を読む特別な力があると思われたのです。

説く方は万人に共通の教えを説くのですが、聞く側が我が身のことに引き合わせて聞いていると、まるで自分のことのように思う。それは聞く態度としては大変素晴らしいのです。逆に、他人事のようにして聞いていると何も身につきません。自分一人のためにしてくださっている、と思って話を聞くこと。これが大事な心構えだと言われています。

盤珪禅師は誰か一人のことを思って、その人の心をどうかしようと思っているのではないのです。真理を淡々と話しているだけです。それは真理なので、万人に共通する内容になります。聞いている人が真摯に我が身のことと思って聞いていると、まるで自分の心の内が見透かされているような気になる。だから盤珪禅師は、自分は人の心を読んだり、心を知ったりする能力があるわけではない、皆の衆と同じことですよ、というのです。

「不生で居れば諸仏神通《じんつう》のもとでござる所で、神通をたのみませひでも、一切事がとゝのいて、埒《らち》が明《あき》まするわひの」。諸仏の神通力、不思議なことを起こす大元が仏心ですから、仏心という大元に安定していれば、神通力など頼まなくても一切のことが調い、埒があく。逆に言えば、仏心でいることができずに、我が身の贔屓を起こし、怒り、憎み、妬み、愚痴の心で迷い、苦しみの世界を作り出している状態になると、一切のことが調わない。ギクシャクし、もめごとが起こる。問題が解決しない。不生の仏心は慈悲の心として働いてまいります。相手のこと、周りのことをよく理解して、思いやることができる心ですから、全て調い、問題が解決するのであると言ったのです。

「いろいろさまざまの脇事《わきごと》をいはひでも」、本来は不生の仏心一つなのです。それ以外になろうとする造作はいらないのだ。ここで言えば、六神通などというのも脇のことです。本来は仏心だけであって、それ以外は脇道のことだ。「不生の正法《しょうぼう》は、皆身の上のひはんですむ事で御座るわひの」。本来不生の仏心の教えというのは、身の贔屓のゆえに迷いを起こすのであって、本来は不生の仏心一つだということを、しっかりと自分で理解し、納得していれば、それで済むのだ、ということです。これは一貫して説き続けられます。

「古ほうぐのせんぎはいたさぬ」

今日のところでは、「ある人」、もともとの原文では「安流人」と書かれていますが、そんな時に、また別の人が聞いたのでしょう。「ある人問て曰《いわく》、それがしもずいぶんと存て、修業仕《つかまつ》り進《すすん》で退かず存たれども、どふでもしりぞく方がつよふござりまして、退屈仕りまするが、是《これ》はいかが致したらば退かぬ様に成ませうぞといふ」。この人は長い間おそらく仏道修行した方でしょう。仏道修行とは涅槃を求めていくことです。涅槃は原語ではニルヴァーナ、それを求めて一歩でも半歩でも進んでいこうと思うのだけれども、どうにも私は退く心が強いのだ。負け心でしょうか、疑いの心でしょうか。落ち着かない、気が散る、集中できない、眠気が襲う、怠けたい。そういうふうに修行しようにも退く力が強くて退屈してしまうのは、どうしたらいいでしょうか。

「退屈」は、学生さんが先生の話を聞くのは退屈だ、というような意味とは違うのです。『漢字源』を見ますと、「負けて退却すること、気力がなくなる」という説明があって、その後に日本語としての意味で、「何もすることがなくて暇で飽き飽きすること」とあります。最後の意味で使われることが多いと思います。

『広辞苑』を引きますと、「気力が衰えること、飽きて嫌気がさすこと、圧倒されること、することがなく時間を持て余すこと、興味が持てずに飽き飽きすること」とあります。しかし、『広辞苑』は親切です。そのほかに「仏道修行の苦難、困難に負け、精進しようとする気持ちをなくすこと」、とも説明されています。この最後の意味であります。

仏道修行は、ブッダの悟りを求めて修行することです。しかし困難なことがあり、思うようにいかないとき、苦しいことに負けて精進しようとする気持ちをなくすことを、退屈というのです。ですから、ここでは単にすることがなくて飽きているという意味ではありません。岩波の『仏教辞典』でも、「仏道修行の困難に負けて修行しようとする気力が減退することをいう」とあります。

ここでは、ある人が私も長い間一生懸命修行して、少しでも悟りへ向かって一歩でも半歩でも進んで退くまいと思うのですが、どうしても怠け心が強くて、進もうという気力が衰えております。どうしたら退かぬようになりますか、と盤珪禅師に聞いたのです。
「師の曰、不生の仏心でござれ」。終始一貫です。全くそれ以外のことは説きません。不生の仏心でいればいい。「不生の仏心で居れば、すすむ事もなくしりぞく事も入《いり》ませぬわひの」。質問をした人は、迷いの世界にいて、遠くの目的地に悟りの世界があり、そこへ向かって一歩一歩努力して進んでいこうと思っている。ところが退いてしまうので迷っている。

　しかし盤珪禅師の教えでは、迷いのところから悟りを目指そうというのではなく、最初のスタートがすでに仏心なのです。スタート地点がすでにゴールですから、どこかに進んでいこうということはないのです。常に仏心の世界の中だという教えですから、その中では進むことも退くこともないのだというのです。

「不生で居ますれば、すすまふとしまするが、はや不生な場を退くといふものでござるわひの」。不生の仏心でいればいいのだ。そこから進んでいって悟りの世界へ行こう、進もうということ自体が、本来の仏の心から離れてしまうというものだ。悟りへ向けて努力しようということ自体が、不生の仏心からいえば造作なこと、余計なことだ、というのです。進もうということ自体が不要だ。

「不生の人は進退にはあづかりませぬわひの」。不生の仏心の人は、進むとか退くということは関係ないのだ。進むか退くかというのは、二つの対立概念です。その対立の世界を超えたところが仏心の世界である。だから進んだと思っても退いたと思っても、仏心の世界がまるごと全体を包んでいますから、進むとか退くとかいうことはないのだ。だから、眠っている修行僧がいても、叩いて何とかしようということは、造作なことだと説かれたのです。

「常に進退を超て居まする事じゃわひの」。それを聞いていた別の人が、さらに聞くわけです。お坊さんが質問しました。

「僧問て曰、それがしは久しく百丈野狐《ひゃくじょうやこ》の話《わ》を提撕《ていぜい》いたし」、話は話頭のことです。禅の問題。

「骨を折ますれども、いまだ会得いたしませぬが」、百丈野狐の公案を会得できない。「是は唯《ただ》工夫の純一ならぬゆへかと存じまする」。それは私が純一ではないから会得できないと思うのです。

「ねがはくは禅師開示し玉へといふ」。どうぞ禅師お示しくださいませ。

「百丈野狐」というのは、唐代の禅僧百丈和尚の話であります。百丈和尚のお説法をいつも聞いている見慣れない老人がいました。その老人は、なんと狐だというのでした。過去にこの百丈山に住していて、ある僧から、修行した人も因果の法則に落ちるのかと問われて、因果に落ちないと答えたために、五百生も狐に生まれかわっているのだというのです。

そこで、百丈和尚に、狐の身を脱するための一句を請いました。百丈和尚は、因果をくらまさないと答えました。その答えを聞いて、老人は狐の身を脱することが出来たという話であります。

こんな問題を取り上げて、修行僧に工夫させるのであります。

提撕という言葉が出ています。手に下げて持つという意味です。ずっとその公案を心の中に抱いて放さないという意味です。あるいは指導者が修行僧を指導するという意味で使われることもあります。ここではその公案を、私はずっと胸に抱えて、骨を折って努力したのですけれども、まだ会得することが出来ないというのです。それに対して言われた盤珪禅師の言葉が有名になりました。

「禅師の曰、身どもが所で、其やうな、古ほうぐのせんぎはいたさぬ」。古道具をあれこれ調べるようなことはしない。禅の修行は今でもそうですが、宋の時代にできた公案を工夫するという方法を取ります。それが臨済宗の禅の修行の本流のように思われておりました。しかしもとを正せば、唐の時代、そんな公案を使うことはありませんでした。お坊さん一人ひとりの自由な表現で、互いが対等に問答し合う、生き生きとした言葉の世界でした。

ところが、そういう優れた唐の時代のお坊さんのように、どうしたらなれるかと考え、宋の時代になって、唐の時代の優れたお坊さんの言葉を、一生懸命、意識を集中して工夫し続ければ、なにか心境が開けて、唐の時代の禅僧のような境地に到れるかもしれないと考えて、話を看ると書いて、看話禅《かんなぜん》というのが出来てきたのです。

盤珪禅師はそれらを超えて、ご自身が唐の時代の馬祖道一禅師や黄檗禅師、臨済禅師のような方々と同様の立場に立つかのように、古道具を詮索するようなことは、全くいらない、と仰いました。盤珪禅師が説いたことが真理なわけです。古道具屋の道具がどうだ、というように詮索することはいらない。

「そなたはいまだ不生にして、霊明なる仏心じゃといふ事をしらぬ程に、いふて聞しませう。それで埒《らち》の明事《あくこと》じゃ程に、身どもがいふをとっくりと、能《よ》きかしゃれいと有《い》て、常のごとく不生の示しをしたまふなり」。あなたは私の言う仏心の話をよく知らないのだ。仏心は霊明、素晴らしい働きをしているのだ。そのことを言って聞かせましょう。

今この話を聞いている時に、外で鳥の声が聞えてもちゃんと鳥の声だと聞ける。聞こうとしなくても聞けている。素晴らしい不生の仏心がみんなに具わっている。このことをよく聞き分ければ、それで問題は解決する。なにも昔の外国の言葉（漢文）を学んで考えることはしなくても、私が言うことをとっくりとよく聞けば、それで問題は解決するのだ。

それでいつものように、盤珪禅師は不生の仏心の話をして、「此僧《このそう》聞てふかくうけがふて」、このお坊さんはそのことをよく理解し、会得して、「其後《そのご》衆人に超出せりといふ」。ほかの盤珪禅師のお弟子さんの中でも抜きん出るほどの心境に達した、という話なのです。

公案修行と不生の仏心

そんな話をしていたところに、また、そばにいた別のお坊さんが聞くのですね。

「又かたわらなる僧問て曰、然らば古人の古則話頭《こそくわとう》はやくにもたたず、いらぬ物でござりまするかといふ」。この人もおそらく、臨済宗のお坊さんですから、唐の時代の臨済和尚や趙州和尚、南泉和尚の言葉を、問答の言葉として大切にして、ずっと工夫し続け、工夫し続ければ、はっと気付くことがあると思って、公案修行をしてきたのでしょう。

しかし、盤珪禅師からそんな古道具の詮索はしないと言われてびっくりして、では我々が大事に思っている公案、それは古道具で役に立たない、いらないものですか。何ということを仰せでしょうか、というような勢いで聞かれたのです。

「禅師の曰、古徳の一挨一拶《いちあいいっさつ》は当機覿面《とうきてきめん》に即問《そくもん》をふさいだ分《ぶん》の事《こと》で、別に用事なし」。昔の祖師方の一挨一拶。これは挨拶という字に「一」をいれたものです。一般的に挨拶というと「おはようございます」とか「お世話になっております」というもののようですが、元は仏教の言葉です。仏教辞典で見ますと、切り込む、鋭く追求するという意味です。岩波の『仏教辞典』によると、「挨も拶も押す、迫るの意味」。また、「宋の時代から見える口語表現で、群衆が他を押しのけて進む意。禅では、相手の悟りの浅深をはかるために問答を仕掛けることの意に用いる」とあります。こういうことを挨拶と言いました。

これは指導者の方から修行僧に向かって切り込んでいく、深く鋭く追求する場合もありますし、修行僧の方から指導者へ向かって切り込み、追求していくこともありました。そういうやり取りのことを、一挨一拶と言いました。禅の問答です。丁々発止の問答を繰り返すことは、当機覿面と言って、当機は、目の当たりの機、今直面している場です。覿面も目の当たりです。目の当たり相手の疑問を取り除いてしまう、問いそのものを否定してしまうというわけで、それ以外に用事はないのだ。

「身どもの口からいるものとも、いらぬものとも、役に立ものとも、たたぬ物ともいはふやうはおじゃらぬ」。私の口から、いるものかいらないものか、役に立つか立たないか、というようなことを言うことはない。そんなことは自分の知ったことではない、と言わんばかりです。

それよりも何よりも、盤珪禅師は「人々只《ただ》不生の仏心で居れば、それですむほどに、相すむ事に又脇かせぎをしやうやうはござらぬわひの」と言います。本来は不生の仏心一つです。公案を工夫するだの、悟りに向かって日々精進していこうだのということは脇道、脇かせぎ。本業があるのに、脇で何かをやっている。そんなことをしていると、本業が疎かになってしまいますから、いらないこと、脇かせぎ、無駄ごとであるといいます。そんなことをすることはござらぬ、と盤珪禅師は説いたのです。

「したほどに不生でゐるやうにしたまへ」。不生の仏心そのままでいればいいのだ。「只お手まへは、ひたもの脇かせぎがつよさに、却而《かえって》それに迷はさるるほどに、それをやめて只不生にして、霊明なる仏心に、相きはまった程に、不生の仏心で居るやうにしたまへと也」。ただあなたは、どうも長い間、やたらと脇かせぎが強かった。臨済宗の修行は公案をしなくてはならない、と思い込まされてしまいます。公案は互いの不生の仏心を明らかにするためのものです。しかしながら、いつの間にか、その公案を調べることが目標のようになってしまい、そればかりに執着し、かえってその公案に迷わされてしまっているではないか。そんな迷いを引き起こすような公案ならば、それをやめなさい。

これは今でも大変頭の痛い問題です。長く修行してたくさん公案を調べたというと、なにか特別偉くなったような、迷いの世界から悟りの世界へ近づいたような気になってしまいます。あるいは逆に、公案が出来ないというような者は、劣ったものだと見下してしまったりすることにもなりかねません。そうなると新たな迷いを引き起こすだけです。そんな公案の修行ならばやめて、ただ不生でいなさい。公案を努力して調べていこうというようなことはやめなさいというのです。

とくに公案の場合、いろんな段階がございます。この段階を工夫されたのが、盤珪禅師の後に活躍された白隠禅師であります。公案を調べてだんだんと進んでゆくというのは、何かやっている感じはしますけれども、盤珪禅師からすれば不生の仏心にいることが究極なのです。それ以外のことは余計なことだから、不生の仏心でいるようにしなさい。公案を調べることが迷いになってしまう。この人自身がおそらく、そういう状態なのです。公案をもらっても、どうもうまくいかないから、自分は駄目なのではないかな、と思ってしまうのです。

しかし、盤珪禅師からすれば、その人だって、ちゃんと目があいて物が見えるし、鳥の声がすれば聞こえるし、どこに不足があるのかというのです。持って生まれたのは不生の仏心一つなのだから、それ以外になぜ、公案が必要か。公案が迷いを引き起す原因になっているのではないか。

公案という迷いをあえて引き起こさせておいて、そうしてそれを乗り越えることで疑いのない、迷いのない世界に気付かせようという、いささか人為的なやり方なのですが、盤珪禅師からすれば、そんな造作なこと、無駄なことをするよりは、本来の仏心一つでいればいいのだ。出だしから努力して仏の世界へ行こうというのではなくて、最初から仏の世界の中にいるのだから、進むことも退くこともない。あえて公案という余計なものを抱えることはない、というのです。

私が、禅が本当に日本に根ざした教えになったのは盤珪禅師からであると思う所以のところです。それまでは中国から鎌倉時代に禅が伝わり、中国の言葉で問答がなされてきました。禅語は漢文が主流です。漢文の語録が本当の語録だと思われがちで、今読んでいる盤珪禅師のこのような和文の語録は、軽いもののように思われる節がいまでもあります。

しかし私はそのようなことはなく、盤珪禅師の力量を感じるのであります。抜群の修行をなされたからであり、不生の仏心の悟りが確固なものであったからこそ、これだけ普段の言葉で、互いが使っている言葉でちゃんと道理を話し、相手が理解して合点すれば問題は解決するのだと説いてくださったのです。

「不生の仏心で居れば、それで全ては埒が明くことじゃわいの」。今日こうして講義しても次回講義しても、こういう言葉がずっと続くのですが、前にも申しましたように、こういう言葉を繰り返し聞いていますと、だんだんとなるほど、人間は不生の仏心であるなと、本来もともと具わっているのは不生の仏心一つであるなと、身にしみてくるのです。

第六講　戒を保つとは

禅師一日衆に示して曰、一切のまよひは皆身のひいきゆへにまよひを出かす。身のひいきさへせねば、一切の迷ひは出来はしませぬわひの。たとへば、となりの人が喧嘩をしますれば、こちらは非分、こちらは道理といふ事を、明らかにわかれて聞えますれども、我身にかからぬ事なれば、きこゆるぶんで、我腹は立はしませぬわひの。もしまた我身にかかれば、身のひいきをいたすゆへに、むかふのものにとりあふて、仏心をつい修羅にしかへて、たがひにせめ合まするわひの。或は又《また》仏心は霊明なものゆへに、従前の我なし来った程の影は、うつらぬといふ事はござらぬわひの。其《その》うつるかげにとんぢゃくすれば、ついまた迷ひを出かしまするわひの。念は底に有《あり》て、おこるものではござらぬ。従前見たり聞たりした事の縁によって、其見たり聞たりしたるが、移るといふ物で御座るわひの。もとより念に実体はありはしませぬによって、移らばうつるまま、おこらば起るままに、やまば止むままにて、其うつる影にとんぢゃくさへせねば、迷ひは出来はしませぬわひの。とんぢゃくさへせねばまよはぬがゆへに、何程かげがうつりても、移らぬと同じ事でござるわひの。たとひ念が百念千念きざしおこっても、おこらぬと同じ事で、少しも妨げにならねば、はよふ念断する念といひて、一つもありはしませぬわひの。

禅師の会下《えか》に、常に律院をもふけて、律僧の輩《ともがら》に夏《げ》を過さしめたまふなり。大結制《だいけっせい》の時には、律僧五十三人あり。内比丘《うちびく》二人ありて禅師に問て云、それがしども常に弐百五十戒をたもちまして、これで成仏をとげませうと存じまするが、これがようござりまするか。又あしうござりまするかといふ。

禅師の曰、いかにもわるひ事じゃござらぬよき事で御座る。しかしながら至極はしませぬわひの。それは律を表に立て、律宗といふて至極のやうにおもふ事ははづかしい事でござるわひの。根元律と申は悪比丘のためにこしらへた物で、本色《ほんじき》の衲僧底《のうそうてい》は、法式を犯して律をうくるやうに、しなしはしませぬわひの。酒をのまぬものには、飲酒戒《おんじゅかい》はいらず、盗みをせぬものは、偸盗戒《ちゅうとうかい》もいらず。うそをいはぬものには、妄語戒《もうごかい》もいらぬごとくでござるわひの。然るにみなの衆が戒をたもつといふが、戒をたもつの破るのといふ事は、悪比丘の上の事でこそあれ、我は律宗じゃといふて、律と外にたてて、至極のやうにいふ事は悪比丘の看板をいだすやうなもので、よきものもあしきものに似せて、あしき者のまねをするやうな物でござるわひの。すればはづかしい事ではござらぬかいの。不生ながが仏心でござる所で、不生の仏心で居れば、はじめよりして、持戒《じかい》の沙汰はありはしませぬわひの。持犯《じぼん》といふは、生じた跡の名をいへば、不生な場からは、第二第三、とっと末な事で、みなあとな沙汰でござるわひの。かくのごとくの示しを聞て両人の比丘ごもっとも千万至極仕《つかまつ》り、ありがたく存じ奉《たてまつ》るといふて、ふかくうけがふなり。

仏心と修羅の心

「禅師一日衆に示して曰、一切のまよひは皆身のひいきゆへにまよひを出かす」。盤珪禅師の教えは、銘々生まれつき持っているのは不生の仏心一つ、本来、清らかな尊い仏心一つをもって生まれているということです。それが、身の贔屓、自分自身をことさら可愛がるゆえに、自分に都合の良いものに貪りの心を起こしたり、都合の悪いものに腹を立てたりして、貪り、怒り、愚癡という迷いを生じる。その原因は、我身を可愛がるからだというのです。

だから「身のひいきさへせねば、一切の迷ひは出来はしませぬわひの」。我が身をことさら可愛がらなければ、本来不生の仏心ですから、迷いは出てこないのである。仏心というものは、我々が何か造作して、特別なことをして作り出すものではないのです。もともと具わっているものである。ところがそれに気付かず、自分中心のものの見方によって、外のものに対して怒り、憎みなどの迷いの心を起こす。だから我が身の贔屓さえしなければ、迷いは出てこないのである。そこで盤珪禅師は、仏心のままで暮らせといいます。贔屓さえしなければ仏心のままである、ということを、次のような例えで示してくれています。

「たとへば、となりの人が喧嘩をしますれば、こちらは非分、こちらは道理といふ事を、明らかにわかれて聞えますれども、我身にかからぬ事なれば、きこゆるぶんで、我腹は立はしませぬわひの」。たとえば隣の人が喧嘩をしている。岡目八目《おかめはちもく》という言葉がありますが、こちらに関係のないことであれば冷静に判断ができるわけです。どちらの言い分が通るか、通らないかを冷静に見極めることができる。それは、我が身に関わらないことだから、冷静に判断して、自分も腹を立てることはしないのである。そのとおりで、自分自身に直接関係がない、利害得失に関わらないものであれば、何があっても冷静に聞いて判断ができる。間違いはないのです。

ところが、「もしまた我身にかかれば、身のひいきをいたすゆへに、むかふのものにとりあふて、仏心をつい修羅にしかへて、たがひにせめ合ますするわひの」。その喧嘩が我が身に関わること、利害得失に関わるものであれば、道理が通らないと理性でわかったとしても、それは納得がいかない。自分の都合のいい見方をします。そして自分に害を及ぼすようなものに対しては、腹を立てたり、憎しみの心を起こしたり、攻撃しようとしたりしてしまう。何もなければ仏心のままであるのに、自分に関わることであると、仏心が一瞬のうちに修羅、戦い、争いの心になり、喧嘩に巻き込まれることになる。

例えばこうして部屋の中にいまして、外を通る人の声がする。自分に関わることでなければ、別段心が動揺することはありません。そういうときは、こちらは不生の仏心のままで、外の音が聞えているというだけです。これは不生の仏心のままでいる状態でしょう。ところが、その通行人が自分の噂をしているとなると、いっぺんに、冷静に聞こえるに任すという仏心の状態ではいられなくなってしまいます。

まして、自分の陰口であれば、不生の仏心のままでいられず、一瞬のうちに変わります。しかもそれが、常には自分が信頼している相手であった場合には、なおのことです。あの人は私の前ではああなのに、陰ではこんなことを言っているのかと、一瞬のうちに向こうのものに取り合って、仏心を修羅に変えてしまう。部屋の中にいてもじっとしていられない。

自分のことに関わると、一瞬のうちに仏心が修羅に変わってしまうことがあるのです。聞こえることでも、見えることでも同じです。外の景色をみていると、誰かと誰かが会っている。我が身に関わらないことなら目に映るだけです。しかしそれが、自分に親しい人であれば、冷静ではいられず、誰と会っているのか、何の話をしているのかと、いっぺんに心は乱れてしまいます。それがもし自分に都合が良くないものだった場合には、仏心が一瞬で修羅に変わってしまうということは、誰にでもあることです。その原因が我が身の贔屓です。自分を必要以上に可愛がるので、不都合なことが起こると腹を立てるということが一瞬のうちに起きる。

不生の仏心は鏡のように

「或は又仏心は霊明なものゆへに、従前の我なし来った程の影は、うつらぬといふ事はござらぬわひの」。仏心は本来素晴らしいものであるので、今まで自分が起こした念が映らないことはない。仏心はきれいな鏡のような状態ですから、怒りの心を起こしたならば、それがそのまま映るわけです。憎しみの心が起きれば、「うつらぬといふ事はござらぬ」は二重否定ですから、その影がみんな映るのである。仏心というのは何も感じない、思わないのではなく、鏡のようなものですから、いろんな思いの影は仏心にきれいに映る。あらゆるものが、はっきりと映るということなのです。

「其《その》うつるかげにとんぢゃくすれば、ついまた迷ひを出かしまするわひの」。仏心は鏡のようなものなので、我々に起きたさまざまな念も映る。けれども、映ること自体は問題ないのです。何が映ろうとも、鏡の本体はそれによって汚れたり穢れたりするものではありません。鏡に映ったものに執着する、きれいなものが映れば、もっと映っていてほしいと思うと、それが迷いになってしまう。

「念は底に有《あり》て、おこるものではござらぬ」。迷いを引き起こす念というのは、根底にあるものではない。本来性のものではない。仏教の言葉で「客塵」という言葉があります。「かくじん」

と読み習わしています。このように、自分の心を乱す念というのは、外から飛んでくる塵や埃のようなものだ。心の底から湧いてくるものではない。何かの拍子に、仏心という、鏡のようなきれいな心にたまさか映った影に過ぎない。

「従前見たり聞たりした事の縁によって、其見たり聞たりしたるが、移るといふ物で御座るわひの」。仏心はきれいな鏡のようなものですから、過去に見たり聞いたりしたものが縁になり、それが影として映る。それだけなのだ。映ったからといって、仏心が清らかになるわけでも、汚れるわけでも、減るわけでも増えるわけでもないのです。

「もとより念に実体はありはしませぬによって、移らばうつるまま、おこらば起るままに、やまば止むままにて、其うつる影にとんぢゃくさへせねば、迷ひは出来はしませぬわひの」。これは非常に大切なところです。よく私どもが新しい人に坐禅を指導する時、二十分なり三十分なりしてから、どうでしたか、と尋ねると、「雑念ばかりがおこって大変でした」という言葉をよく耳にします。では長いこと坐禅をしていれば、雑念がおきないようになるかと言うと、どうもそうではないと思うのです。

湧いてくる念というのは実体がない。根があって底から生えてきたようなものではないのです。念が起きるなら起こるに任せておけばいい。やがて、どんな雑念であろうと、ずっとそのまま一日も二日も、五年も十年も、続くということは決してないのです。意外と早く消えてしまうものです。どんなに影が映ろうと、鏡には傷一つ、穢れ一つつかないのだということが、よくわかっていれば、貪着することはないのです。平気なのです。平気ならば迷いは出てこない。むしろ迷いというのは、湧いてくる念をなんとか消し去ろうというところから、新たに作り出されるのです。

「とんぢゃくさへせねばまよはぬがゆへに、何程かげがうつりても、移らぬと同じ事でござるわひの」。本来の清らかな仏心は本来、鏡のようなものですから、何が映ろうと、清らかになるわけでも、汚れるわけでも、増えるわけでも減るわけでもないということが、ちゃんとわかっていれば、何が映ろうと、消えてなくなろうと、全く執着しない。そうすれば迷いはしません。映れば映るまま、消えれば消えるまま、どんなに雑念が山のように湧いたとしても、私の心の本体には影一つついてはいないのだ。なんにも映っていないのと同じなのだ。鏡に映った映像によって、鏡にシミが残るわけでも、ヒビが入るわけでもないのです。

こういうことがわかってさえいれば、何も問題はない。どんなに多くの雑念が起こっても、本体の仏心は何ら問題はないということに気付いていれば、雑念は起こるに任せ、消えるに任せることができるはずである。わざわざ念をやめようとすることについて、この後、盤珪禅師は、血で血を洗うようなものであるという譬えを使っておられます。血で衣類か何かが汚れた、それを血で洗おうとする。前の血は落ちても、洗う血で汚れるのだという譬えを出しておられます。

血などというと、物騒な譬えですが、汚れを取ろうとか、雑念をなくそうなどというのが、新たな雑念なのです。それよりも自然と消えてなくなるものなのだから、そんなものには貪着しない。仏心には、何ら影響はないということに気付いていることが、大事だというのです。

「たとひ念が百念千念きざしおこっても、おこらぬと同じ事で」、雑念が山のように湧いたとしても、仏心には傷一つつかないのと同じですから、起こらないのと同じこと。「少しも妨げにならねば」、なんの妨げにもならない。「はよふ念断する念といひて」、「はよふ」は他の書物を参照いたしますと「はらふ」のようです。いかに雑念がおこっても何ら問題がないとわかっていれば、雑念を払おう、断じようという新たな念を作ろうとする必要はない。「一つもありはしませぬわひの」。雑念を払おうという念は一つも必要ないのであるという教えなのです。

これはやはり、私は真実をついていると思います。雑念が湧いたら大変だ、どうしよう、と思うだけ余計な念が起こるのでありまして、ただ見ていれば、どんな念であろうと、ずっと残り続けることはありません。消えるものであります。浮かんだり消えたりしているものを見ている。それを見ているものは何であるか。それが仏心であります。その仏心には傷一つ、塵一つつくものではない。例えば、鏡の上に塵が積もることもあるかもしれませんが、その塵は鏡の内部まで穢すわけではありません。鏡の本体には、全く塵一つついてはいない。何が映っても鏡本体は汚れはしない。これが不生の仏心と雑念との関係なのです。こういうことが分かれば、何も問題はない。

律宗と戒律について

「禅師の会下《えか》に、常に律院をもふけて、律僧の輩《ともがら》に夏《げ》を過さしめたまふなり」。「禅師」は盤珪禅師。「会下」は禅師のところで修行しているお坊さんのことです。広くは一般の在家の方をふくめて指す場合もございます。

「夏」というのは、お釈迦様以来の修行道場の決まりです。お釈迦様の頃のインドですから、雨季の間、三ヶ月ほどです。この間は修行僧にも行脚を禁じて、一つのところに集まって修行しなさいと、禁足を言い渡されました。

いろんな意味があるようですが、一つには、雨季にはいろんな虫が出てくるので、それを踏み殺さないようにという教えであるようです。それがいまの日本の修行道場にも引き継がれ、四月、または五月の場合もあります。それから、七月もしくは八月までの間、外へ出かけず一ヵ所で修行するということを守っています。

「律僧」と「律院」について少し学びましょう。律僧というのは律宗のお坊さん、律院というのは律宗のお寺です。律宗は今日にも伝わっています。奈良の唐招提寺は律宗の本山です。南都六宗といいますが、奈良仏教の六つの宗派の一つです。律宗では、戒律を厳しく守って行じていくのです。

ちなみに、一口に戒律と申しますが、戒と律とは詳しくは区別されます。律というのは、お坊さんの集団を維持するために設けられた決まりのことです。修行の集団生活を送る上で、必要な決まりごとが律です。罰則規定もありました。戒というのは、良い習慣をつけるというのがサンスクリット語のもともとの意味です。そういった戒を身につけ習慣とすることによって、悟りの道へ近づいていくという教えです。

中国に道宣律師《どうせんりっし》という方がおられました。大変に高名な方で、玄奘三蔵のもとで律蔵の翻訳をされ、「四分律《しぶんりつ》」に基づいて律宗を興されました。とくに南山《なんざん》律宗といわれます。日本に律宗を伝えたのが、この方のお弟子のお弟子である鑑真和上です。

鑑真和上が奈良時代に日本へお越しになり、奈良の東大寺と下野の薬師寺、それから九州の観世音寺の三つに戒壇、つまりお坊さんや在家の人が戒を受けることができる場所を設けた。これを天下の三戒壇と称されました。そして戒律の根本道場として唐招提寺が立てられました。ここが律宗の本山です。律宗の教えというのは大変栄えたのですが、平安中期頃から衰退していきました。

鑑真和上は中国、揚州のお生まれです。揚州の大明寺におられて、西暦七四二年、天平十四年に日本のお坊さんがそこを訪れて、ぜひ日本へ来てくださいとお願いする。鑑真和上は五回、日本への渡航を計画しましたが、妨害されたり難破したりして、とうとう失明までされました。そんな困難を乗り越えて、六回目で七五三年、ようやく日本へお越しになりました。

そこで奈良の東大寺に戒壇を築き、聖武上皇や光明太后に菩薩戒を授けた。これが律宗の興りです。さらに八十四人の僧侶に具足戒《ぐそくかい》を授けた。これによって、日本の僧は正式なお坊さんになったのです。簡単に言えば、菩薩戒は在家の方に授ける戒、具足戒は僧侶に授ける戒です。戒壇は唐招提寺にも残っています。三師七証《さんししちしょう》といいまして、戒師、羯磨師《こんまし》、教授師という三人の戒を授ける師匠と、七人の立会人のようなお坊さんたち、合わせて十人のお坊さんが集まって、二百五十の戒を授ける。これは国によって定められた制度になりました。これが正式なお坊さんです。ですから、鎌倉時代に活躍されたお坊さんでも、若い頃に東大寺で受戒をし、具足戒を受けている方がほとんどです。

比丘や比丘尼が正式に出家した人ですから、戒律を守らなくてはならない。いまでも南方のお坊さんは厳密にこれを守っていらっしゃる。男性のお坊さんは二百二十七条、女性のお坊さんは三百十一条。それから中国、日本に伝わった仏教では、男性は二百五十条、女性は三百四十八条の戒律を守っていたのでした。

そういうのが正式のお坊さんでした。いまでは、ないわけではないかもしれませんが、私が知る範囲では、この四分律に従って、今も二百五十の戒を守っているお坊さんというのは、極めて稀であろうと思います。昔も、伝教大師・最澄という方は、この四分律に従う煩瑣な戒よりも、大乗仏教の大乗戒でいいのだということを説かれるようになりました。道元禅師もその流れを汲んでいます。ですから禅宗では、二百五十の戒がそれほど厳密ではなかったように受け止められます。

今の時代では稀ですが、江戸時代の頃には二百五十の戒をきちんと守っていた律宗のお坊さんがいたのですね。その方のために、盤珪禅師のお寺では律のお坊さんたちが修行する場所を設けてあげて、律のお坊さんのためにも一緒に修行をさせていたことがあったのです。

盤珪禅師と戒律

「大結制《だいけっせい》の時には、律僧五十三人あり」。そこで、大結制の時、――大結制というのは雨季の安《あん》居《ご》の時を言います。修行者たちがお寺にこもって修行する時には、律のお坊さんたちが五十三人いた。その中に比丘《びく》二人がいた。比丘とは、もともとはビクシュと言って、乞食《こつじき》をする者という意味でしたが、この場合は二百五十の戒を守る、正式な受戒をしたお坊さんを指しました。広い意味では男性のお坊さんを指すことが多いですが、この場合は具足戒をきちんと守る人を表す言葉として使われています。

「内比丘二人ありて禅師に問て云、それがしども常に弐百五十戒をたもちまして」、二百五十もの戒を守るというのは大変なことです。まず買い物が出来ません。お金に触れてはいけないという戒律が残っているそうです。ですから、誰かに買ってもらい、施してもらうしかありません。もちろん、昼を過ぎたら何も食べてはいけないとか、厳しい決まりがたくさんあります。その比丘という方が二人いた。この時代になりますと、律のお坊さんの中でも五十三人中二人ですから、極めて数が少なかったのでしょう、ましてや、仏教全体から見れば極めて僅かな数でしょうから、この方たちは、自分たちはお釈迦様以来の律を守っているのだ、というような自負があったのではなかろうかと思います。

「これで成仏をとげませうと存じまするが、これがようござりまするか。又あしうござりまするかといふ」。二百五十の戒を保っていれば、それで成仏できると思っていますが、これは良いことですか、悪いことですか、と聞いたのです。もちろん内心としては、それはすごいことです、我々にはとても真似をして二百五十の戒律を守ることなどできませんが、それほどの戒律を守っていれば、まごうことなく仏になるでありましょう、そう言ってもらいたかったのではなかろうかと想像します。

それに対して「禅師の曰、いかにもわるひ事じゃござらぬよき事で御座る」と、盤珪禅師は一応はそう言われました。やはり褒めてもらいたいという気持ちが察せられますし、常人に出来ないことをずっと勤めていらっしゃるので、いかにも悪いことではございませんね、いいことでしょうと言われます。

ところがです。ここからが盤珪禅師の厳しい説です。「しかしながら至極はしませぬわひの」。しかし二百五十の戒を守ることは究極ではないというのです。「それは律を表に立て、律宗とふて至極のやうにおもふ事ははづかしい事でござるわひの」。律宗、自分たちは律を守っているのだというのを表看板にしておいて、律宗は究極の教えだと思っているのは、他人に自慢するようなことではなくして、恥ずかしいことだというのです。

なぜかというと「根元律と申は悪比丘のためにこしらへた物で、本色《ほんじき》の衲僧底《のうそうてい》は、法式を犯して律をうくるやうに、しなしはしませぬわひの」。もともと律というのは、決まりを破るお坊さんがいたから「~をするな」という形で律ができ、また新たに悪いことをするものが出るので、律が増えていった。悪いことをするものがいるから、取り締まるための罰則として法律ができるのと同じことです。律も一緒だというのです。

もともと戒というのは、お釈迦様の最初は、三帰依《さんきえ》、仏・法・僧の三宝に帰依するという、それだけでお坊さんになれたと聞いたことがございます。仏に帰依する、法を拠り所にする、僧侶の集まりに帰依する。その誓いを立てるというのが仏教の根本の戒でした。

それからだんだん数が増えていきます。数で言えば、三聚浄戒《さんじゅじょうかい》というのがあり、五戒があり、十善戒《じゅうぜんかい》、十重禁戒《じゅうじゅうきんかい》、四十八軽戒《しじゅうはちきょうかい》、一番多くなると二百五十戒というふうに、悪いことをする人が出るたびに戒律が増えていった。「本色の衲僧」、衲僧というのは禅宗のお坊さんです。本当に修行する人は、何も戒律を受けなければいけないことはしないのだ。

「酒をのまぬものには、飲酒戒《おんじゅかい》はいらず、盗みをせぬものは、偸盗戒《ちゅうとうかい》もいらず。うそをいはぬものには、妄語戒《もうごかい》もいらぬごとくでござるわひの」。酒を飲まないものに飲酒戒はいらない。そのとおりです。酒を飲んで周りに迷惑をかけたお坊さんがいたから、飲酒戒が出来たのでしょう。

もっとも酒の場合は、よっぱらって人に迷惑をかける以前に、アルコールを体に摂取することによって、精神の集中、瞑想ができなくなります。酒を飲むというだけで、研ぎ澄まされた瞑想の心は乱れてしまいますから、飲まないに越したことはありません。自らの修行においてはそうです。しかし、飲まない人に対しては「酒を飲むな」という必要はないのです。

修行者は集団生活ですから、それを営むためには、人の物を盗らないというのは大切な決まりです。盗まない人には「盗むな」という必要はありません。つい人のものに手を付けるものがいたから、偸盗戒ができた。普段から嘘をつかないものに「嘘をつくな」という必要はない。どうも嘘をつく、仏教の場合の嘘をつくというのは、悟ってもいないのに、自分は悟ったというようなことを言うのが一番の妄語戒でした。それをしない人に「嘘をつくな」ということはない。その通りなのです。

「然るにみなの衆が戒をたもつといふが、戒をたもつの破るのといふ事は、悪比丘の上の事でこそあれ、我は律宗じゃといふて、律と外にたてて、至極のやうにいふ事は悪比丘の看板をいだすやうなので、よきものもあしきものに似せて、あしき者のまねをするやうな物でござるわひの」。大変に厳しいお言葉です。戒を保つというのは、不心得なお坊さんのために戒を破るなというものだ。だから、律宗だから律を守っているのだと、外に看板を掲げるようなことを究極のように思うのは、まるで戒を破る可能性があることを表看板にしているようなものだ。

せっかく、本来の仏心のままでいればいいのに、戒を守るのだというのは、悪いことをするものの真似をするようなものだ。守ると意識することは、破るかもしれないという、悪しきものの真似をするようなものだとすれば、「すればはづかしい事ではござらぬかいの」。律を守っていると看板に掲げることは、はずかしいことではないか、と盤珪禅師は説くのです。

「不生なが仏心でござる所で、不生の仏心で居れば、はじめよりして、持戒《じかい》の沙汰はありはしませぬわひの」。不生の仏心、これは作り上げたものではなく、もともと本来、生まれながらに具わっているものです。このままでいれば、戒を破る心など起こすはずがないのです。戒を保つだの、破るだのということはない。

「持犯《じぼん》といふは、生じた跡の名をいへば、不生な場からは、第二第三、とっと末な事で、みなあとな沙汰でござるわひの」。戒を保つ、犯すということは、そのような思いが生じた後の話であって、我が身の贔屓から欲の心を起こさず、不生の仏心のままでいるという立場であれば、たとえ二百五十の戒をきちんと守っているといったとしても、第二、第三義のことになってしまい、ずっと枝葉末節のこと、後の話になってしまう。

「かくのごとくの示しを聞て両人の比丘ごもっとも千万至極仕《つかまつ》り、ありがたく存じ奉《たてまつ》るといふて、ふかくうけがふなり」。このようなお示しを聞いて、それまで二百五十の戒を守っていることを、少しばかり自慢に思っていたような比丘の二人。もちろん、そういうことをするのは尊いことで軽んずることではありません。しかし盤珪禅師は親切のうえに、その戒を守っていることがおごりにでもつながったならば、それは業、苦しみの原因を作ることになってしまうので、仏心のありようを説いてくださったのです。そこで比丘の二人も、ありがとうございます、そのとおりでございますと、深く合点された。律のお坊さんに対しても、盤珪禅師はいつもの不生の仏心を説き示されたということです。

大乗仏教の戒について

盤珪禅師は、このように不生の仏心でいれば、戒も律も必要ないと説かれていますが、仏教の修行では戒が土台です。お坊さんは受戒《じゅかい》をします。在家の人でも戒というものをいただいて、そして仏教徒としての暮らしをします。戒というのは戒めと書きますが、律は罰則のあるものに対して、戒は良い習慣を付けるものです。

三帰依、三帰戒とも言いますが、これが戒の基本です。やがて、三聚浄戒、十重禁戒、こういうものを大乗仏教では重んじるようになりました。そのことを最後にお話します。

三帰戒は先ほども触れましたが、仏・法・僧に帰依する、拠り所とする。仏とは悟れるもの、人として生きるこの尊さ、仏心であり、仏性。これに帰依する、拠り所とする。法とは真理です。無常であり無我であるという真理の道、おのれなきの尊さ。そういった真理、法に帰依する、拠り所とする。僧、サンガとは、男性のお坊さん、女性のお坊さん、在家の男性、在家の女性、それらを四衆サンガといいましたが、仏道を学ぼう、実践しようとする人の集まりです。

仏様と、仏様が悟られた真理と、その真理を実践していこうという人の集まり。この三つに帰依し、拠り所として生きていくという良い習慣を身につけるのが、三帰戒です。

次に、三聚浄戒《さんじゅじょうかい》は大乗仏教の根本の戒です。摂律儀戒《しょうりつぎかい》、摂善法戒《しょうぜんぼうかい》、摂衆生戒《しょうしゅじょうかい》の三つですが、摂律儀戒というのは、小さなことでも悪いことは避けよう。摂善法戒は、良いことはできるだけ勤めましょう。こんなことは誰でもわかりそうな話ですが、実践となるとなかなか難しいものです。摂衆生戒は、人々のために尽くしていきましょう、真心込めて良くしてあげましょうという、そういったよき心の習慣をつけるのがこの戒です。

それから十重禁戒《じゅうじゅうきんかい》。これは禅宗ではとくに重んじられますが、これから述べる十の戒からなります。そのうちの五つ目までは、五戒として在家の方に受戒していただく大切なものになっています。

不殺生戒《ふせっしょうかい》は、命あるものをむやみに殺さない。厳密に、命あるものを一切殺さずに生きることができるかといえば、ほぼ不可能です。むやみに殺さないという、良い習慣をつけようという戒です。不偸盗戒《ふちゅうとうかい》は、人のものを盗み取ることをしないように、という習慣。不淫欲戒《ふいんよくかい》、これは不邪淫戒《ふじゃいんかい》と説く場合もありますが、道に迷った愛欲を犯さない。男女の道をきちんと守っていくように、というもの。不妄語戒《ふもうごかい》は嘘いつわりを口にしないこと。先ほど言いましたように、仏教における最大の妄語は悟っていないのに悟ったということですが、人の悪口を言うとか、陰口を言うとか、二枚舌を使うというのも、ここに入ると思います。

五番目が不酤酒戒《ふこしゅかい》、不飲酒戒《ふおんじゅかい》ということもあります。酒に溺れて生業を怠ることをしない。在家の方におすすめする場合は、このような言い方をします。日本の社会はどうしても、付き合いの席でお酒がつきものですから、周りに迷惑をかけないよう、自分の務めに差し障りがないように、という説き方をさせていただきます。お坊さんの場合は、心の集中にはお酒は良い影響を与えませんので、飲まないに越したことはありません。

続いて、不説四衆過罪戒《ふせつししゅかざいかい》は、他人の過ちを責めない。不自讃毀他戒《ふじさんきたかい》は、自分を誇り、他人を傷つけることをしない。不慳貪戒《ふけんどんかい》は、ものでも心でも、人に施すことを惜しまない。不瞋恚戒《ふしんにかい》は、怒りに燃えて自分を失わない。不謗三宝戒《ふぼうさんぼうかい》は、仏・法・僧の三宝をそしらない。こうした十の良い習慣を身につけましょうというものです。

もちろんのこと、不生の仏心のままでいれば、なにも問題はないのですが、こういう戒を身につけることも仏教修行の土台になります。その上に坐禅の教えがあり、経典や語録などの積み重ねの上に、不生の仏心が花開くのであろうと、私は見ております。ですから学ぶ方としましては、全体を学んでおくほうが間違いを犯すことが少なかろうと思うのです。

盤珪禅師からしてみれば、不生の仏心ひとつで一切が調う。究極はそこですが、そこへの過程を学ぶことも、私たちにとっては必要であろうと思っているところです。

今日はここまでとします。

第七講　鐘の鳴らざる先にも

禅師説法の次手《ついで》に曰《いわく》、身どもが讃岐の国丸亀に居ましたところ、城下の女中方も示しを聞にわせましたが、ある女儀方《にょぎがた》のわせましたとき、下女や姥《うば》が附て来まして、みな身どもが示しを聞て帰りまして、其後また彼女儀方も姥も来まして、其とき彼女儀のいはれまするは、私が姥はおまへのお目にかかりませぬ以前には、常にたんきがまんなものでござりまして、少しの事にもよく腹を立ましたが、先月のお示しをうけたまはりましてから、程久しくなりますれども、それよりして、只今にいたりまして、ずんど腹をも立ませず。其上《そのうえ》尤《もっとも》なかしこい道理のつみました事ばかりを申まして、少しも益なき事などは、おもひも致さず。其ゆへに私只今《ただいま》は、却《かえっ》てあの姥に、はづかしう成ましてござりまする。只尊前のお示しをば、能《よく》のみこみましてと見えまして、別してお影と、存じまするると申された事で御座るが、其後もやうすを承はるにいよいよふたたび、すきと迷ひは致さぬと、皆人が申たが。身どもが申不生なが仏心、仏心は不生にして、霊明なもので、不生で一切事がととのふて、不生で一切事をば、はたらく人は、人を見る眼《まなこ》がひらけて、みな人々今日の活仏《いきぼとけ》じゃと決定《けつじょう》するゆへに、讃岐の姥がやうに、ふたたびまよはぬやうに、成まして仏心の尊ひ事をしりまするゆへに、もはや迷ひはせぬやうに成ますわひの。みな仏心のたっとひ事をしらぬゆへに、万事に附て、かりそめの、僅なる事にもまよひを出かして、みな凡夫で居る事でござるわひの。

只今女儀方も此座（説法の座）に大勢ござるが、女儀と申ものは、別して何角《なにか》に附て益もなき事に腹を立て、不生の仏心を修羅にしかへ、愚痴の畜生にしかへ、欲の餓鬼にしかへまして、種々様々に、流転《るでん》して、まよふ事でござるわひの。したほどに、女儀方よくきかしゃれい。人をつかふ内にはわっぱや、下女が多くあるものじゃが、自然其《その》内のものに、そさうな事をして、家のひざうの、道具茶碗などのやうな物を、けがに、打わる事があれば、それをまたそれ程に、いはひでも大事なひ事に、ことの外にとがめて、顔に血をあげて腹を立ますするが、たとひいかやうな大事の茶わんで有ふとままよ、たくんで打わりはせぬに、けがにわったれば、せうことはござらぬ事を、大事のおやのうみ附てたもった仏心をば、我欲のきたなさに、かるがるしく修羅にしかへまするわひの。茶碗は買へば又まどふてかへされもし、其上又《そのうえまた》高麗茶碗でのむ茶も、伊万里焼の茶碗で呑《のむ》ちゃも、別に茶に風味のちがひもなく、茶を呑に事もかけませぬが、一たび立た腹は跡へとりかえされは、しませぬわひの。今の茶碗一つの上の事。合点をよくすれば、万事の物はいふに及ばず皆同じ事で、一々申さいでも、しれた事でござるわひの。外の事に付ても、物をくいくいとおもひ続て、仏心をしゅらにしかへず、愚痴にしかへず、我欲に附ても、仏心を餓鬼にしかへねば、おのづから、不生の仏心で居るより外の事は、ござらぬわひの。仏心の尊ひ事をしれば居とむなふても、不生で居ねばならぬやうに、成ますわひの。身どもが申は、此仏心を三毒にしかへぬと、いふ事は、いかに大切な事じゃほどに、是をよく聞こみて、不生の仏心を、余の物にしかへぬやうに、随分さしゃれい。

只今なって聞ゆる鐘は、ならず、聞かぬ先にも、鐘の事は、みなようしって居ますわひの。鐘のならざるさきにも、通じて居る心が、不生の仏心でござるわひの。なって後に聞えて鐘といふは、生じた跡の名で、第二第三に落た事で、ござるわひの。

丸亀の老女の話――仏心の尊さを知る

『盤珪禅師語録』の第七回目です。

「禅師説法の次手《ついで》に曰《いわく》、身どもが讃岐の国丸亀に居ましたころ、城下の女中方も示しを聞にわせましたが、ある女儀方《にょぎがた》のわせましたとき、下女や姥《うば》が附て来まして、みな身どもが示しを聞て帰りまして、其後また彼女儀方も姥も来まして」、あるとき、盤珪禅師が説法のついでに言われました。讃岐、今の香川県丸亀市の宝津寺というお寺にいらした頃だろうと言われております。盤珪禅師の説法に、お坊さんだけでなく、在家の人や女性の人も聞きにおいでになった。「わせる」はおいでになったということです。ある女性が盤珪禅師のお話を聞きにいらしたときに、下女というか、その女性が使っていた女の人や姥、お年を召した女の方がついていらした。そして、そのおつきの人たちも皆、盤珪禅師の話を聞いて帰った。しばらくして、その女性と、年を取った女性がきて、こう言われた。

「其とき彼女儀のいはれまするは、私が姥はおまへのお目にかかりませぬ以前には、常にたんきがまんなものでござりまして、少しの事にもよく腹を立ましたが、先月のお示しをうけたまはりましてから」。その女性が盤珪禅師に言われた「おまへ」は、今はいい意味では使いませんが、これはもともと敬称であって、ここでは禅師を指しています。私のところの老女は、盤珪禅師にお目にかかるまでは、常に腹を立てていた。「がまん」は辛抱という意味ではなく、わがままという意味です。いつも少しのことで腹を立て、わがままでしかたがなかった。

ところが、その老女も盤珪禅師の話をきいてからというものは、「程久しくなりますれども、それよりして、只今にいたりまして、ずんど腹をも立ませず。其上《そのうえ》尤《もっとも》なかしこい道理のつみました事ばかりを申まして、少しも益なき事などは、おもひも致さず。其ゆへに私只今《ただいま》は、却《かえっ》てあの姥に、はづかしう成ましてござりまする」。盤珪禅師の話を聞いてからしばらく経ちますが、あれ以来今に到るまで、腹を立てなくなったのです。その上もっともな、道理のある、人々皆生まれ持ったのは、仏心一つという話を聞いているのですから、その尊い仏心を、腹を立てて修羅に変えてはいけない。我欲を出かして餓鬼の世界を作ってはいけない、いつまでも過去のことを悔やんで畜生になってはいけないという道理、もっともなことばかりを言われる。少しも無益なことなどとは思いもしない。そんなふうに盤珪禅師の話を聞いて、老女も変わっていかれたのでした。

私のところの老女のほうが、盤珪禅師の話を聞いてすっかり変わってしまったので、今となっては、私のほうが十分に盤珪禅師の話が身につかず、恥ずかしく思うのです、と言われました。「只尊前のお示しをば、能《よく》のみこみましてと見えまして、別してお影と、存じまするると申された事で御座るが、其後もやうすを承はるにいよいよふたたび、すきと迷ひは致さぬと、皆人が申たが」。「尊前」は「おまへ」と同じです。盤珪禅師の話をよく理解をして、自分のものにしたとみえて、盤珪禅師のおかげさまだと感謝されたわけです。その後も、彼女らの様子を周りの人から聞いてみると、「すきと」はすっかり、残らず、全く我見を通したり、わがままを言ったりすることは全くしなくなったと言っていた。

「身どもが申不生なが仏心、仏心は不生にして、霊明なもので、不生で一切事がとゝのふて、不生で一切事をば、はたらく人は、人を見る眼《まなこ》がひらけて、みな人々今日の活仏《いきぼとけ》じゃと決定《けつじょう》するゆへに、讃岐の姥がやうに、ふたたびまよはぬやうに、成まして仏心の尊ひ事をしりまするゆへに、もはや迷ひはせぬやうに成まするわひの」。これも何遍も説いていることの繰り返しですが、盤珪禅師がいう不生なものが仏心、不生は何かによって生じたものではない。もともと、はじめから具わっているものが仏心である。仏心は不生であるから、滅する道理もない。不生にして不滅、もともと誰にも生まれながらに具わっているもの、素晴らしいはたらきを持ったもので、不生であるということで一切が調う。何も作りごとをしない、造作なことをしないで、生まれたままの仏心で、全てのことが調うのだ。

不生の仏心のままで、あらゆる物事に対してはたらく人は、不生の仏心でいれば、それは素晴らしい智慧のはたらきがあるので、人を見る眼がちゃんと開ける。我々はそのような眼を生まれ持っているのでありますが、自分の我欲によって、自分に都合の良いものは都合よく見えるようになりますし、自分にとって都合の悪いものは邪険にしてしまう。そのように眼が曇ってしまうのです。

しかし不生の仏心で見ていれば、皆今日の生き仏だということがはっきりするので、あの四国・丸亀の老女のように、二度と迷わぬようになる。仏心の尊いことを知ったならば、もはやそこから退くことはない。そんな素晴らしいことが分かれば、そこからあえて苦しい、辛いところへ戻ろうということはなくなるのである。仏心の尊いことを知ったならば、もはや迷うことはなくなるのだというのです。

「みな仏心のたっとひ事をしらぬゆへに、万事に附て、かりそめの、僅なる事にもまよひを出かして、みな凡夫で居る事でござるわひの」。ところが、多くの者は仏心の尊いことを知らないために、ほんのちょっとした、取るに足らないことに腹を立てたり、執着したり、迷いを自分で出しておいて、迷い苦しむ凡夫になってしまうのだ。

流転して三毒に迷う

「只今女儀方も此座（説法の座）に大勢ござるが」、いま、女性たちもこの説法の座に大勢いらっしゃるが、「女儀と申ものは」。これは、この時代の盤珪禅師が言われたことでありますから、別段、男女差別しようという気持ちで言ったのではないのです。今で申し上げると男性も女性も同じ道理です。

「別して何角《なにか》に附て益もなき事に腹を立て、不生の仏心を修羅にしかへ、愚痴の畜生にしかへ、欲の餓鬼にしかへまして、種々様々に、流転《るでん》して、まよふ事でござるわひの」。女性というものは、これはたまさか、女性に対して言われましたが、総じて人間は女性も男性も同じです。腹を立てても仕方がないものに腹を立てて、尊い仏心を愚癡や修羅の心に変えてしまう。欲を起こして餓鬼に変えてしまう。そのように、さまざまに流転する。なにも、死んでからどこかの世界へ行くというのではなく、この流転というのは尊い仏心を我が身の贔屓によって修羅や畜生、餓鬼に変えてしまうことをいうのです。そうしてそれが迷いだというのです。

「したほどに、女儀方よくきかしゃれい。人をつかふ内にはわっぱや、下女が多くあるものじゃが、自然其《その》内のものに、そさうな事をして、家のひざうの、道具茶碗などのやうな物を、けがに、打わる事があれば、それをまたそれ程に、いはひでも大事なひ事に」。これも女性がいたから、こう言ったのですが、繰り返しますが男性でも女性でも同じことです。よく聞きなさい、と。この時代、大きなお店ですと、多くの人を使っていたのでしょう。「わっぱ」は小さな子供、丁稚《でっち》さんのような子供。あるいは使用人としての女性も多く使っている。そうした人が失敗をして、家の秘蔵の道具や茶碗などをけがに、「けがに」というのは「誤って」という意味です。粗相して、大事な道具や茶碗を割ってしまうことがある。それは今もそうでしょう。それほど大げさに叱らなくてもいいようなことを、「大事な茶碗をなんということか」と憤る。

「ことの外にとがめて、顔に血をあげて腹を立ますするが、たとひいかやうな大事の茶わんで有ふとままよ、たくんで打わりはせぬに、けがにわったれば、せうことはござらぬ事を、大事のおやのうみ附てたもった仏心をば、我欲のきたなさに」。それをことのほか咎めるわけです。小さな子供が割ってしまったなどというと、頭に血をあげて腹を立てる。どんなに大事な茶碗でも、気にすることはないではないか。わざと割ったのではない。粗相をして、悪気なく割ったのだから、仕方のないことなのに。それより、今腹を立ててカンカンになっている人も、親から大事な仏心を産みつけてもらっているのに、自分の我欲ゆえに、「かるがるしく修羅にしかへまするわひの」。せっかくの尊い仏心を、軽々しく腹を立てて修羅の心に変えてしまっているのではないか。

「茶碗は買へば又まどふてかへされもし、其上又《そのうえまた》高麗茶碗でのむ茶も、伊万里焼の茶碗で呑《のむ》ちゃも、別に茶に風味のちがひもなく、茶を呑に事もかけませぬが、一たび立た腹は跡へとりかえされは、しませぬわひの」。茶碗を割ってしまったという、そのことよりも、腹を立てて、尊い仏心を修羅の心に軽々しく変えてしまったことのほうが、大きな問題だ。「まどふて」はつぐなう、弁償するという意味です。茶碗はまた新しいものを買って弁償して返すこともできるのに、それよりも、仏心を修羅の心に変えてしまったことの方が残念である。

また、「高麗茶碗」は高価な茶碗でございましょう。そんな茶碗で飲んでも、出回っている伊万里焼の茶碗で飲んでも、茶の風味に違いはない。まあどうでしょうかね、実際は立派な茶碗で飲んだほうが美味しいと思うかもしれませんが、盤珪禅師は無心の人でございますから、どんなに立派な茶碗であろうと、普段の茶碗だろうと、茶の風味に違いはないという。実に科学的というか、冷静な方なのだと思います。どんな器で飲もうと茶の味に違いはないし、飲むことに不自由はない。それよりも、一度腹を立ててしまったものは、もう取り返しがつかないのだ。このように言われるのです。

「今の茶碗一つの上の事。合点をよくすれば、万事の物はいふに及ばず皆同じ事で、一々申さいでも、しれた事でござるわひの」。今は茶碗一つのことで話をしたけれども、その道理をよく理解すれば、あらゆる物事は言うに及ばず、同じ道理なのだ。一々説明しなくても同じ道理だ。

「外の事に付ても、物をくいくいとおもひ続て、仏心をしゅらにしかへず、愚痴にしかへず、我欲に附ても、仏心を餓鬼にしかへねば、おのづから、不生の仏心で居るより外の事は、ござらぬわひの」。お互いは外のことについて思い続けるようなことを、ついしてしまいます。そうして、仏心を修羅の心に変えてしまうようなことをせぬように、いつまでも思い続けて仏心を愚癡の心に変えてしまうようなことをしないように。腹を立てたら修羅の心になる、愚癡の心を起こしたら畜生になる。我欲によって、仏心を餓鬼の心に変えてしまうようなことさえしなければ、皆誰しもが不生の仏心でいることができる。茶碗一つのことで腹を立て、尊い仏心を修羅の心に変えてしまうことの方が、はるかに残念なことである。

「仏心の尊ひ事をしれれば居とむなふても、不生で居ねばならぬやうに、成ますわひの」。仏心の尊いことさえ知れれば、仏心のままでいたいと思わなくても、不生の仏心でいなくては収まらないようになってしまう。自然と不生の仏心で収まるようになっていくのである。

ですからここでも、盤珪禅師が強調しているのは、仏心の尊いことを知るということです。これを繰り返し繰り返し聞いて、互いが持っている尊い仏心を、我欲や争いの心や、愚痴の心を起こして、他のものに変えてしまうことが、いかに愚かなことかよく納得していれば、仏心のままでいるより他はなくなってくるのである。その証拠に、ある女性についてきた老女も、ついてきて話を聞いたけれども、なるほどと合点してからは短気を起こすこともなければ、わがままを言うこともなくなったということなのです。

「身どもが申は、此仏心を三毒にしかへぬと、いふ事は、いかに大切な事じゃほどに、是をよく聞こみて、不生の仏心を、余の物にしかへぬやうに、随分さしゃれい」。盤珪禅師が言われるのは繰り返しです。この尊い仏心を三毒、つまり貪りと怒りと愚かさ。我欲、自分にとって都合のいいものを欲しがる、自分にとって都合の悪いものには怒りや憎しみの心を起こす。悔やんでも仕方のないことをいつまでもくいくいと悔やむ。そのような三毒に変えないことがどれほど大事なことか。それを、ようく聞くのだ。聞いて、尊い仏心のままで暮らして、それ以外のもの、三毒、餓鬼や畜生や修羅の心に変えないように心がけなさい。

ひとすじの不生の仏心

ここで今の話が終わります。ここから別の話になります。「只今なって聞ゆる鐘は、ならず、聞かぬ先にも、鐘の事は、みなようしって居ますするわひの。鐘のならざるさきにも、通じて居る心が、不生の仏心でござるわひの。なって後に聞えて鐘といふは、生じた跡の名で、第二第三に落た事で、ござるわひの」。これはずいぶん深い内容です。

ゴーンと鐘が鳴ると、私たちはその音が鳴ったと気付きます。しかし、その鐘が鳴った先に、その心はないのかというと、そうではありません。鐘が鳴って初めて、鐘が鳴ったとわかりますが、鳴らない先にも鐘のことは私たちは知っている。鐘が鳴って聞こえる、そこで初めて心が起きたわけではないのです。私たちの心があってこそ、鐘を聞くことができるのです。鐘が鳴っても私たちに心がなければ、鐘が鳴ったと聞くことはできません。聞こえるということは、鐘と、それを聞く心があるわけです。鐘が鳴って初めて心が生じるのではなく、鐘が鳴る前も、心はあるのです。ずーっと心というものはあるのです。

あまりいい譬えではありませんが、スイッチを入れると、ぱっと電気の明かりがつく。それは、スイッチを入れた時に電気が起きて明かりがついたわけではありません。ずっと電線の中には電気が通っています。停電ならばスイッチを押してもつかないのですから、電気が通っているところにスイッチを押すから明かりがつく。

これはあまりいい譬えではないので、かえってわかりにくいかもしれませんが、鐘が鳴って心が起きるわけではない。鐘が鳴る前からずっと仏心というものはあり続けているのです。その仏心が、鐘が鳴った音に気付き、鐘の音だと聞こえる。鐘の鳴る前にも、仏心はずっとあり続けているし、鐘の音が消えた後にも、仏心というものはあり続けている。鐘の鳴る前にも、ずっと鐘を聞くことができる心は、通い通しに通じている。鐘の音が鳴ったから、ぱっと現れるわけではない。鐘の音が消えたから、そこで途絶えるわけではない。ずっと通じている心が不生の仏心である。

鐘の音だけではないのでして、鐘の音が聞こえる、聞こえないということであれば、電気の譬えでわかるかもしれません。こういうところから、白隠禅師が「両掌打って音声あり、隻手《せきしゅ》（片手）に何の音声かある」というのも、示そうとしているのは同じなのです。

人間も、この世に生まれたから、不生の仏心が生じたわけではない。生まれる前から、遠い遠い過去といいましょうか、仏教では無始、始まりがないといいますが、仏心は通じている。あり続けている仏心。そこに鐘の音が鳴ったら鐘が聞こえる。

両親の出会いによって、この世における命は生じたけれども、両親が生まれる以前にもずっと通っているもの、通じているものが「不生の仏心でござるわいの」ということなのです。これが、禅の方では「父母《ぶも》未生《みしょう》以前本来の面目」といいます。両親から生まれる前のあなたの姿はどうなのか。私たちの本当の姿というのは、両親から生まれた後に生じたわけではない。生まれる以前から、ずっと通じている心が不生の仏心である。それ以前からずっとあり続けているものが不生の仏心で、その中に、このいっときの生命をいただいているという道理なのです。

鳴った後に聞こえて、ああ、鐘が鳴った、鐘の音だ、というのは生じた後の名前であって、第一義ではない。第二義、第三義に落ちたことです。生まれてから付けた名前、男だ女だ、あるいは姓を名乗る。それは不生の仏心に、後からついた名に過ぎない。さらに成長しますと、あの人は頭がいいとか、気が利かないとか、さまざまな第二、第三の名前といいますか、付属物が増えてまいります。あるいは社会に出れば、肩書だとか、名誉、地位など、いっぱい付いてきます。しかしそれはなにかの条件によって現れて、何かの条件がなくなれば消えるだけのことです。そういう大事でもないことを大事に思って、何かの粗相で壊れてしまったものに腹を立てる、すると尊い仏心を修羅の心に変えてしまう。

茶碗の話くらいなら理解するのは難しくありませんが、これは万事に通じると言われていますように、長い間、築き上げた財産や地位、名誉、知識、学識、世間の評判だとかは、みんなそれほどのことではない。長い歴史の中で言えば、「百万石も笹の露」とうたわれるように、かりそめのことに過ぎないのです。些細なことで、それがなくなることは、人生においていくらでもあるわけです。なくなってしまうことよりも、私たちが恐れるべきことは、それをいつまでも悔み悔やんで、尊い仏心を愚かな心に変えてしまうこと。そのほうが恐ろしいことなのだと、盤珪禅師は説いてくださっているのです。これに私たちは気をつけなくてはいけません。

白隠禅師が、手を叩けば音がなる、では片手でどんな音がするのか、という。これは、鐘が鳴らざる先に通じている心をこちらに付けなさいというお示しです。夏目漱石が円覚寺の釈宗演《しゃくそうえん》老師に参禅されたときにも、釈宗演老師から「父母未生以前本来の面目」、親から生まれる先のあなたの本当の姿はどんなものであるのかと聞かれたのも、この不生の仏心に目覚めなさい、ということの一つの道筋なのです。そちらに目を付けるのです。生じた後に、鐘の音が鳴ったということは、大事な仏心から見れば、第二、第三のことです。

生じた後に付いた名前や、さまざまな世間の評価や学識など、もちろん、それらがなければ世の中は生きていけません。茶碗がなければ茶を飲むのに困るように、それらは必要であり、活用すればいいのです。しかし、何かの拍子で失われたりしたときに、私たちは本来の不生の仏心は何も減りはしない、傷一つついてはいないのだと気付いていれば、腹を立てて、頭に血が上り、不生の仏心を修羅の心に変えてしまうことはないはずなのです。

修羅の心に変えてしまうことのほうが損失は大きい、取り返しが付かない。本当に恐ろしい業を作ってしまう。茶碗を割ることくらいは、大したことがないと思うことができるかもしれませんが、さまざまな地位や名誉、蓄えなども冷静に見れば、互いの人生において、全て死がこれらを奪い去っていくものです。ですから、後になって付いたものだけを自分のものだと思っていれば、死はそれらを全て奪い去るものですから、大変な悲しみであり苦痛でしょう。

しかし目を転じて、鐘の鳴らざる先にも通じている心、両手を打って音が鳴るそれ以前に通じている心、両親から生まれる前の心、不生の仏心、これに目覚める。そうしたならば、不生の仏心のままで暮らすことが尊いのであって、我欲や我見によって畜生や修羅の心に変えてしまうことがいかに愚かなことか。だから不生の仏心のままでいなさい。それには、不生の仏心を三毒に変えてしまうことがいかに残念か、よく話を聞いて理解することが大事なのだと、盤珪禅師は繰り返し説いてくださっているのです。

今日のところは、それまでにしておきます。

第八講　不生の坐禅とは

又禅師の曰、身どもが所には、不断不生の仏心でばかり居よとすすめて、別に規矩といふて外に立て、勤めさせは致されども、毎日線香十二炷《しゅ》づつは、みなのものが談合して、勤めうと申程に、いかやうともいたせといふ事でござるわひの。十二炷づつ定て置て、つとめさせまする事でござるわひの。併《しかし》不生の仏心は線香の上にありはしませぬぞひの。仏心で居て迷はねば、外に悟りを求めず、只《ただ》仏心で座し、只仏心で居、只仏心で寝、只仏心で起《おき》、只仏心で住して居るぶんで、平生、行住座臥、活仏《いきぼとけ》のはたらき居て、別の仔細はござらぬわひの。座禅は仏心の安座が座禅じゃ所で、常が座禅でござるによって、勤める時ばかりを座禅とも申さぬわひの。座の時でも、用事があれば立てもかまひはござらぬ程に、身どもが会下《えか》では、皆の衆の心次第にいたす事じゃ程に、一炷は経行《きんひん》をし、又立てばかりも居られぬものじゃ程に、一炷は座して、つとめて居るやうにさしゃれい。寝てばかり居やう筈《はず》もなきゆへ起もし、咄《はな》してばかり居やう筈もなきゆへに、つとめも致させますれども、規矩にもかかはりはしませぬ。

惣じて近代の知識は、道具をもって人を接して、道具でなければ、埒《らち》は明《あか》ぬもののやうに思ひて、道具なしに直路にさし附て、しめす事をしませぬわひの。道具でなければ、叶はぬやうにして、道具で人を接するは、瞎漢《かつかん》の禅子《ぜんす》といふものでござるわひの。或は又此道にすすむに、大疑団を起して、其《その》疑団が破れねば、やくにたたぬ程に、先どふぞ有ふとままよ、疑団を起せといいて、不生の仏心で居よとは、おしへずして、疑団のなきものに、疑団を担はせて、仏心を疑団にしかへさせまするわひの。誤りな事でござるわひの。

或僧二十年来脇を席に附ず、此事に骨を折て、いろいろとして見たれども発明せず。禅師化《け》を盛《さかん》にするといふ事を聞及びて禅師に来り参ず。禅師 則《すなわち》 不生の正法《しょうぼう》を示したまふ。此僧よくうけがふて云、師の未曽有の説法をうけ玉はりて、従前の非をしるといふ。

師の曰、そなたが二十年来骨を折た修行も、今日身どもがいふ不生の一言には、およびはしませぬわひの。僧いはく、なるほど左様でございまする。ご 尤《もっとも》 に存じたてまつるといふなり。

外に悟りを求めず

第八回目です。

「又禅師の曰、身どもが所には、不断不生の仏心でばかり居よとすすめて、別に規矩といふて外に立て、勤めさせは致されども、毎日線香十二炷《しゅ》づつは、みなのものが談合して、勤めうと中程に、いかやうともいたせといふ事でござるわひの。十二炷づつ定て置て、つとめさせまする事でござるわひの」。盤珪禅師がある時に言われました。私のいるお寺では、普段、不生の仏心のままでいればいいのであって、このことだけをいつも説いて修行僧に勧めている。不生の仏心のままでいればいいのだということ以外に規矩、――これは規律や規則です。禅宗のお寺にはさまざまな守りごとがあります。何時に起きて、坐禅はこれくらいの時間で何回勤める、お経は朝昼晩に何回、などとあるのが普通です。ところが、盤珪禅師は不生の仏心でいればいいのだ、というだけでして、それ以外の規則や守りごとを作って勤めさせはしないというのです。

けれども、毎日線香十二炷、坐っていたのでした。例えば一炷何分として、今日の晩は三炷坐禅するとか、冬の安居《あんご》は四炷坐禅する、などと言います。坐禅の時間を、今でも線香の燃える長さで計ります。何時間というのではなく、線香一本燃えるまでの時間の長さを一炷と言います。線香によって短いもの長いもの、細いもの太いものがあるので、その時間はさまざまですが、およそ四十分か五十分というのが一つの目安ではないかと思います。

それで一日に十二炷ですから、いっぺんに十二炷ということはないでしょう。朝、午前、夜などに分けていたのでしょうが、それにしても十二炷です。今でも大摂心《おおぜっしん》と言って、毎月一週間、托鉢に出たり、外の作務《さむ》をしたりせずに、ひたすら坐禅に集中するときには、十炷以上坐ることもありますが、盤珪禅師の頃は、今私たちが行なうような一週間の大摂心というのではなく、毎日十二炷ずつ坐禅しようということだったのでしょう。

盤珪禅師がさせようとしたのではなく、修行のために集まってきているお坊さんたちが話し合って、毎日線香十二本ずつ坐禅を勤めましょうということにしているのです。盤珪禅師は、そうするならそうすればようございましょう、ということでさせているのです。そういうわけで盤珪禅師のお寺では毎日十二炷ずつの坐禅を行なっている。

「併《しかし》不生の仏心は線香の上にありはしませせぬぞひの」。しかしながら、そういう規則ができて、それを守りさえすればいいと安住してしまうと問題です。そこで盤珪禅師は、不生の仏心というのは、線香何本坐ればいいというような決まりごとや、その時間の上にあるのではない、と示されました。

「仏心で居て迷はねば、外に悟りを求めず」。普段、坐禅のときばかりでなく、常に仏心のままでいて、迷わなければいい。素晴らしい仏心が外にあると思ったり、または修行をし続けた先に仏心という素晴らしいものに気付く、巡り合うことができるというふうに、外に悟りを求めているようでは、これが迷いになるのです。外に悟りを求めない、ということを、臨済禅師の言葉で言えば、「求心やむところ即ち無事」です。

「只《ただ》仏心で座し、只仏心で居、只仏心で寝、只仏心で起、只仏心で住して居るぶんで、平生、行住座臥、活仏《いきぼとけ》のはたらき居て、別の仔細はござらぬわひの。座禅は仏心の安座が座禅じゃ所で、常が座禅でござるによって、勤める時ばかりを座禅とも申さぬわひの」。ただ仏心のままで坐っているのである。どこにいても仏心のままでいるのであり、仏心のままで起きるのであり、寝るのである。仏心で住しているだけで、何も線香を立てて、規則通りに手足を組んでじっとしていることが大事なのではなく、常に行住坐臥、歩いていても止まっていても坐っていても、横になっていても、あるいはご飯を食べていても、その普段のはたらきが生きた仏のはたらきで、仏心のままではたらいているのだ。

盤珪禅師は、それ以外になにか造作なことをするのを嫌われました。坐禅とは、仏心のままで落ち着いていることだ。ですから、それは行住坐臥です。坐るという形にとらわれることはない。仏心のままであれば、歩いているときも、休んでいる時も皆仏心のままであって、それらが全て坐禅である。そういうわけで、行住坐臥、全てが坐禅なのです。「勤める時ばかりを坐禅とはいわない」というのは、毎日十二炷ずつ坐禅するという規則や決まりに従って、行なうばかりが坐禅ではないのだ、ということで、ここに盤珪禅師の修行の特徴が出ていると思います。

どのように坐ってもよい

「座の時でも、用事があれば立てもかまひはござらぬ程に、身どもが会下《えか》では、皆の衆の心次第にいたす事じゃ程に、一炷は経行《きんひん》をし、又立てばかりも居られぬものじゃ程に、一炷は座して、つとめて居るやうにさしゃれい」。普段の坐禅のときでも、盤珪禅師は用事があれば立って構わないとしました。これは、現在の僧堂で修行している者からすれば驚くようなことです。今の修行道場では、坐禅の時に用事があるからといって立ち上がったりしたら、大変に叱られます。

いつからそうなったのかは、私もわかりません。おそらく最初の頃は、もっとおおらかだっただろうと思います。といいますのは、『禅関策進』という中国の古い書物を見ていましたら、このようにありました。坐禅をしてどうしても眠いときは、単《たん》（坐っている席）から降りて外へ出て顔を洗いなさい、口をすすぎなさい。または、どうしても眠いときは外を経行してきなさい、と書かれています。

今の道場では、眠たくなったからといって坐禅中に立ってはいけないことになっていますが、『禅関策進』が書かれた頃はそうではなかったようです。盤珪禅師もまたそんなことにはこだわらない。用事があれば立っても構わないのだ。みんなの思うようにしたらいいのである。盤珪禅師の教えからいえば、何をしていても仏心のままでいることが修行の本質ですから、動かずにじっとしていることが修行ではない。ですから一炷の坐禅の間は経行していても構わない。立って歩いてばかりいても疲れますから、一炷は坐して勤めるようにしなさいと言います。

今の修行では長い間坐禅をして、足を組んで動かないのが尊いことのように思われています。どこどこの人は何炷も足を組み替えず、微動だにせずに坐っていたというと、すごいなと思われます。もちろんそれは尊いことです。深い禅定に入って、おのずとそうなられたというのは素晴らしいことなのです。でもそれを取り違えて、そんな話を聞いたために、じっと動かないのが尊いのだと思いこんでしまったり、さらに厄介なことに、人に対してじっと動かずに坐っているのが本当の修行だと言って、無理にジッとさせて坐らせるとなると、これは本質から離れてしまっていると言わざるをえません。

ですから、ここでは盤珪禅師は修行の本質を説いていると思います。一炷の間、経行をする。経行は、今日の臨済宗の修行においては、坐禅と坐禅の間に足のしびれを取ったり、血の巡りを良くしたりするための、坐禅の補助的なものとして捉えられている場合が多いと思います。しかし、歩行禅という言葉もあります。歩いて行ずる禅と捉えたならば、一炷の間、自分の呼吸や足の動きに集中して歩くというのも一つの修行であります。しかし、立ってばかりでは疲れてしまいますから、一炷は坐る。そういうふうに勤めていけばいいのだというのです。たしかにこうしてやれば長時間でも無理なく修行できます。

盤珪禅師は寝ている修行僧がいても、それを叱るということはしませんでした。逆に、寝ている僧を叱るお坊さんがいると、そちらのお坊さんを注意したのです。寝ているのだからといって、仏心が何かに変わってしまうのではない。仏心のはたらきとして寝ているのであって、何も悪いことはない、というのが盤珪禅師のお考えですから、寝ていても何ということはなかったのだろうと思われます。

「寝てばかり居やう筈《はず》もなきゆへ起もし、咄《はな》してばかり居やう筈もなきゆへに、つとめも致させますれども、規矩にもかかはりはしませぬ」。朝から晩まで寝ているはずはないのだ。少々居眠りしたくらいで盤珪禅師はとやかく言うことはなかったのであろうと思われます。それでは駄目じゃないかと言う人に対して、ずっと寝ているというわけではないのだと言うのです。人はどこかで目が覚めて起きますから、そのときに起きて坐ればいい。

べらべら話をするな、禅堂の中で無駄口をたたくな、それどころか、今では禅堂の中では話すこと自体を禁じております。けれども、盤珪禅師は少々喋ったからといっても、叱らなかったのでありましょう。不生の仏心のままで喋っても、それは不生の仏心に他なりません。それでは修行にならないという人に対しては、朝から晩まで喋り通しに喋っているということはできようはずはない、どんなにおしゃべりな人も、いつかは終わる、そうしたら、黙って坐っていればいいのであると説かれました。

こういうおおらかさが盤珪禅師の特徴と言えましょう。そんな規則にこだわるようなことを自分はしないのだ、というお示しです。

こういうご指導をなされた盤珪禅師は修行の本質とは何かを見抜いておられ、かつ慈悲深い方であったのですが、このやり方を鵜呑みにしてしまうと、後に修行を怠りがちになってしまい、安易な方向へと堕落してしまう遠因になったとも考えられます。

公案は不用

「惣じて近代の知識は、道具をもって人を接して、道具でなければ、埒《らち》は明《あか》ぬもののやうに思ひて、道具なしに直路にさし附て、しめす事をしませぬわひの」。知識というのは、現在の意味での知識ということではなく、知識のある人、知識を持って人を導くことができる指導者という意味で、ここでは使われています。私たちをよく導いてくれる人のことを善知識といいました。岩波の『仏教辞典』にも、知識とは「仏典で単に〈知識〉という場合は〈善知識〉をさし、良き信仰仲間を意味する。唐代には、在俗信者に対する呼びかけの語としても用いられたが、後には、〈教えを説いて導く徳の高い僧〉と限定的な意味で使われた。」と説明されています。ここでは教えを説いて導く徳の高い僧のことを言っているのです。

道具というものを使って人を指導している。この道具がなければ埒が明かないように思っているのではないか。道具を使わずに直に指し示すことをしないのではないか。道具を使って指導するとは、何を言っているのでしょうか。

道具とは、古則の公案を指しています。公案は、公の法則条文というのがもとの意味だそうです。それが禅の問題という意味で使われるようになっていきました。法則条文ですから、どんなものでも揺るがすことが出来ない真理という意味です。それを禅問答に用いる問題としました。

こうした問題を与えて、疑いを起こさせ、気付かせるというのが公案禅、とくに看話禅といいます。これが中国・宋の時代の禅の特徴です。

もともと禅は唐代において興りました。その唐の時代の禅僧の言葉が、私たちの禅の教えの根本であります。

宋の時代になると、唐の時代の素晴らしい禅僧たちの境涯に、どうしたら達することができるのであるかを探求するようになりました。いろいろ工夫した結果、唐代の禅僧の言葉を問題、話頭《わとう》として与えました。それに一番多く使われたのが、趙州の「無」の一字です。趙州和尚に対して「犬にも仏性がありましょうか」と聞くと、趙州は「無」と答えました。

実際はこの後に問答が続くのです。「お経の中には、一切の生きとし生けるものは、みな仏性ありとありますが、なぜ犬には仏性がないのでしょうか」、「それは犬には業識性《ごっしきしょう》というものがあるからだ」。こういう問答の中の一つの答えに過ぎないのですが、宋の時代の看話禅《かんなぜん》になりますと、この時に答えた「無」とは何か。特別な意味をもたせるというと語弊がありますが、むしろさまざまな意味づけを奪い取るための道具として使ったのです。

私たちの迷い、分別、妄想、つまり、ありもしないことを考えたり、過ぎてしまったことを悔やんだり、これから先のことをとめどなく心配したりする。こうしたものが苦しみを生む原因であるから、それらを打ち壊してしまう。その道具に「無」の一字を用いるのです。「無」の一字で雑念や妄想を断ち切るのです。具体的に、坐禅して、「むー」と心の中で拈提《ねんてい》してゆくのです。

文字を一振りの刀と心得て、心中に湧いてくる雑念妄想をたたき切れなどと教わったものです。

他の公案も同じような趣きがございます。私たちの雑念や妄想を断ち切る道具として、公案というものを用いたのです。この公案を工夫しなければ、本来の仏の心に気付かない。それで、道具、つまり公案を使わずに、直に示すことをしない。盤珪禅師は、自分は道具を使わずに直接に指し示しているのだというのです。これが盤珪禅師の立場です。

「道具でなければ、叶はぬやうにして、道具で人を接するは、瞎漢《かつかん》の禅子《ぜんす》といふものでござるわひの」。道具を使わなければ駄目であるように思い、その公案というもので人を導こうというのは、瞎漢。瞎とは目が見えないということ、正しい道理がわかっていない禅僧であると示されているのです。

疑団を担がせる愚

「或は又此道にすすむに、大疑団を起して、其《その》疑団が破れねば、やくにたたぬ程に、先どふぞ有ふとままよ、疑団を起せといいて、不生の仏心で居よとは、おしへずして、疑団のなきものに、疑団を担はせて、仏心を疑団にしかへさせまするわひの。誤りな事でござるわひの」。この禅の修行を進めていくには、大疑団を起こさなければならないと看話禅においては説かれています。大きな疑いを起こして、それを打破しなければ役に立たないから、まずどうであろうと疑団を起こせと説くのです。不生の仏心でいればいいなどとは説きません。それではせっかく持って生まれた尊い仏心を疑団にわざわざ変えてしまうことになります。

看話禅というのは、疑いそのものになりきっていく修行です。全身全霊、疑いになりきっていくのです。これはこれで一つの方法であり、禅の修行の手段です。大きな疑いが湧いてくると、小さな迷い、疑いは消えてしまうのです。その結果、心が一つのことに集中してゆくのです。

いい譬えではありませんが、家庭の中で問題があったり、諍いがあったりする。しかし、それよりもっと大きな、家の一大事のようなことが起これば、家族の意識はそちらに集中して、取るに足らない口喧嘩などはおさまってしまいます。大きな問題だけになってしまうのです。一家の大黒柱が入院したとなれば、それまではもっと勉強しなさいだの、掃除しなさいだのと口喧嘩ばかりしていたのが、そうした小さなことはそっちのけで、大問題にかかりきりになります。

そうして大きな問題を起こさせて、無とは何かと全身全霊で朝から晩まで「無～～、無～～」と集中して、疑いになりきっていくのです。そうしてそれがいつか弾け、破けてしまったならば、それまでの小さな疑団が大きな疑団に集約されて、いっぺんに空に帰するのです。そうしたならば、それまで患っていた悩みや苦しみは一気に片付いて、天地と一体になります。大いなる自己といいますか、大いなる心といいますか、仏心一つに目覚めることができるのです。

看話禅とは、こういう修行の方法を確立したので、日本に禅が伝わって以来、当時の禅の本流は、大きな疑団を起こさせて、それを打ち破るものとなりました。そういう看話禅の修行が臨済禅の主流だったのです。

しかしながら、考えてみますと盤珪禅師ご自身も、大疑団を起こし、それを破るための修行をなさったのです。盤珪禅師の場合は看話禅としての公案を用いたのではなく、「大学の道は明徳を明らかにするにあり」という『大学』の最初の文章を見て、明徳とは何であるか、明徳という大きな問題にぶち当たったのでした。

こういう大問題を抱えると他の欲望を満たしたいというような小さな問題は、何でもなくなるのです。明徳を明らかにしたいという大きな問題のために、盤珪禅師の全身全霊がそれに集中されていくのです。それがあるとき、梅の花が開き、ふとその香りがしてきた時に、ぱっと疑いが弾ける。その瞬間に、一切は不生で調うと気付きました。何もはじめから問題はなかったのだ、不生の仏心のままでいれば、全て調うのだと盤珪禅師は気付いたのです。

盤珪禅師は期せずして、自ら疑団を起こして、疑団が破れるということを体験されたのですが、弟子たちにはそれをさせませんでした。自分と同じような苦労はする必要がない、回り道である。不生の仏心一つで済むのだ。だから疑団は役に立たない、と思われたのです。

こういう盤珪禅師の主張に対して、盤珪禅師よりも六十四年後に生まれた白隠禅師は、そんな不生の仏心のままで坐っていればいい、歩きたければ歩いていい、そんなことでは駄目になってしまう、やはり大疑団を起こして、その疑団を打破しなければならない、と看話禅を強調されました。しかし盤珪禅師は不生の仏心で済むとされました。あえて疑団を起こせなどとは言わない。

盤珪禅師が最も問題にしたのは、何も疑団のない者に無理に疑団を担わせるということだったと思います。盤珪禅師自身は、やむにやまれぬ大疑団を起こしたのでした。それは明徳とは何であるかということでした。

南嶽懐譲《なんがくえじょう》禅師という方は、六祖慧能《ろくそえのう》禅師から、ここへこうしてやってきたのは何者かと問われました。何者がやってきたのかと、こう問われて八年間工夫されました。ひたすら何者がやってきたのか、こう疑うのはまさしく大疑団そのものです。

そして「説似一物即不中《せつじいちもつそくふちゅう》」と答えたのでした。「一物を説似《せつじ》すればすなわち中《あた》らず」とは、何かを言葉で示そうとしたら、もう当たりませんという意味です。不生の仏心というような言葉で表現したら、限定されたものになってしまいます。南嶽禅師はそのように大疑団を、自ら起こして修行したのでした。

それは盤珪禅師もそうでしたが、何の疑団もない者にわざわざ無理に、その公案という道具を与えて疑えと言い、せっかくの尊い仏心で生まれてきたものを、わざわざ疑団を担がせて、疑団に変えてしまうのは間違いである、と言いたかったのです。これが、盤珪禅師の立場です。

「不生の正法を示したまふ」

「或僧二十年来脇を席に附ず、此事に骨を折て、いろいろとして見たれども発明せず」。またある時、ある僧がやってきて、脇を席に付けずとは、体を横にしないということです。今でも修行道場では十二月の一日から八日まで臘八大摂心《ろうはつおおぜっしん》といって一週間、横にならないで坐るという修行をしていますが、一週間でも横にならないのは大変な苦痛です。脇を席に付けざること多年、と大燈国師なども称されております。この僧も何年も体を横にしないほど、苦労して修行したけれども、仏心というものが明らかにならないというのです。

そこで、「禅師化《け》を盛《さかん》にするといふ事を聞及びて禅師に来り参ず」。盤珪禅師が多くの修行僧や在家の人を盛んに導いていると聞き及んで、禅師のところで決着を付けたいと思ってやって来たのでしょう。

「禅師則《すなわち》不生の正法《しょうぼう》を示したまふ。此僧よくうけがふて云、師の未曽有の説法をうけ玉はりて、従前の非をしるといふ」。盤珪禅師は、その僧が二十年そんな修行をしたからといって、特別なことを言うわけではありません。体を横にせずに坐り続けたという修行僧に対して説くことも、初めて話を聞く人に対して説くことも、男性でも女性でも、全く言うことは変わらないのです。これも素晴らしいことです。なかなかできることではありません。人々生まれ持ったのは、不生の仏心一つだ。二十年、横にならずに努力したら、なにかになれるというものではない。あなた自身がすでに不生の仏心として生まれているのだ。行住坐臥、常に不生の仏心でいればいいのだ。それ以外のことはないという、いつもの教えを示されたのです。

そうすると、この修行僧は、機縁が熟したというのでしょう、それまでずっと苦労していましたから、このとき盤珪禅師と出会って、なるほど、それでいいのだと気付いた。これが、臨済禅師が言われたところの「求心やむところ即ち無事」という消息でしょう。

このお坊さんは求めぬいて、これでいいのか、まだまだ、という思いで二十年、体を痛めつけて痛めつけて、それでも決着がつかないので盤珪禅師にお示しくださいと言った。そうして機の熟した時に、不生の仏心のままでいればそれでいいのだ、それで一切が調うことじゃわいのと言われて、それまで積み上げてきたものがガラガラと崩れ落ちたのでしょう。ああ、なるほど不生の仏心のままでよかったのだ。なんと自分は二十年も無駄骨を折ったものだと気付いたのです。

今まで聞いたことのない教えを今はじめて聞くことができたので、今までの非を知ることができたのでした。これが悟りというものを端的に物語っていると思います。なんと無駄なことをしたのだ、ということがわかる。今までの間違いがはっきりする、それだけです。何もそれ以外に、特別なものになるとかいうものではありません。なんとこれまで、回り道ばかりしていたのだろうとわかった。

「師の曰、そなたが二十年来骨を折た修行も、今日身どもがいふ不生の一言には、およびはしませぬわひの」。あなたが二十年来骨を折って修行したというけれども、それは私がいま説く不生の仏心に及ぶものではない。この一言で片付くのだ。

「僧いはく、なるほど左様でございまする。ご尤《もっとも》に存じたてまつるといふなり」。この修行僧も、骨を折ったかいがあったというものです。なるほどそのとおり、二十年来の苦労も、不生の仏心一つで調うという、この一言に及ぶものではないと、すっかり兜を脱いだのです。求める心が落ちたのです。求めて、求めて、求めぬいて、ああ、不生の仏心のままで良いのだと気付いた。これでいいのだから、何もわざわざ、疑団のない者に疑団を担わせ、まだ駄目だと人為的に修行させるようなことは無駄なことだというのが、盤珪禅師の立場です。

私は思うのですが、人間というのはいろんな人がおりますので、公案を持って疑団を起こして修行していく、それが合っている人もいるのです。しかし、合わない人もいると思えてなりません。いろんな人が、自分に合った教えを学んでいけばよろしいと思います。無理やり大疑団を起こさせて、その疑団を破れさせるというのは、なにか強い薬を与えて、いっぺんに病を治そうというような、いい意味では痛快な思いが得られるかもしれませんが、下手をすると、それがおごりになってしまったり、うまくいかないからと自分を責めてしまったりと、さまざまな弊害があることも否めないと思います。

ですから、多様な教えを学んでおくというのが大切だと思います。この修行僧は不生の仏心一つで徹底したのです。これが合っているという人は、盤珪禅師の不生の仏心のままでいいとして坐禅していれば、十分にそれで素晴らしいと思います。いや、自分は不生の仏心のままでは落ち着かないという人は、公案という道具をもって修行すればいいのであろうと思います。その人に応じたものを取り入れて実践していけばいいと、私は感じております。

今の時代、白隠禅師の教えの方が強調されているので、そうでなければならない、と思われる人が多いようですが、決してそれでなくてはならないということはないと思うのです。盤珪禅師の教えも素晴らしいものです。素晴らしい人格を形成された方の言葉ですので、学んでおくことは大いに意味があると思い、皆さんと一緒に読み進めているのです。

このあと少し飛ばして次に読み進めてゆきます。

第九講　烏の声は聞こえるか、雀の声は聞こえるか

或僧問、それがし熟睡いたした時、夢を見ます事がござります。夢はなんとした事で見ますぞ。此義がうけ玉はりたふございます。

師曰、熟睡すれば夢を見はせぬわひの。夢を見るはじゅくすいといふ物ではない。僧、語なし。

禅師、美濃妙法山正眼寺《しょうげんじ》にいたり、国師を礼し、住持衆《じゅうじ》とともに説法をこふ。師云、是は開山国師の道場で、恐れ多くござる程に、説法はいたすまいと有《いう》て、かたく辞退あれども、是非ともに寺主達て願ふゆへ、是によって説法有《あり》。住持椅子をかざり請ずれども、其《その》椅子に乗たまはず、下座にて示し有と申す。法を知る者はおそる。

禅師衆に示して曰、皆親のうみ附てたもったは仏心ひとつで御座る。余のものはひとつもうみ附はしませぬ。其《その》親のうみ附てたもった仏心は不生にして、霊明なものに極りました。不生な仏心、仏心は不生にして霊明なものでござって、不生で一切事がととのひまするわひの。其不生で

とのひまする不生の証拠は、皆の衆がこちらむひて、身どもがかふ云事を聞てござるうちに、うしろにて烏《からす》の声 雀《すずめ》のこえ、それぞれの声をきかふと、おもふ念を生ぜずに居るに、烏のこえ雀の声が通じわかれて、聞違はずにきこゆるは、不生で聞《きく》といふものでござるわひの。其《その》如くにみな一切事が、不生でととのひまする。是が不生の証拠でござるわひの。其不生にして霊明な仏心に、極ったと決定《けつじょう》して、直《じか》に不生の仏心のままで居る人は、今日より未来永劫の活如来《いきにょらい》で御座るわひの。今日より仏心で居るゆへに、我宗を仏心宗といひますわひの。

さて皆の衆がこちらむひてござるうちに、うしろで啼《なく》雀の声を、烏の声とも間違はず、鐘の声を太鼓のこえとも、聞たがはず、男のこえを女の声とも聞たがはず、おとなの声を、子供とも聞たがはず、皆それぞれの声を、ひとつも聞たがはず、明らかに通じわかれて、聞《きき》そこなはず聞しるは、霊明の徳用ともいふものでござるわひの。是が則《すなわち》仏心は不生にして、霊明なものといひまする。其《その》霊明な証拠でござるわひの。

もしまた我は聞ふとおもふ、念を生して居たゆへに、聞たといふ人がござらば、それは妄語の人でござるわひの。身どもがかう云事を、こちらむひて、盤珪は、いかやうな事をいはるるかと、皆耳をかたむけて、一心に聞《きこ》ふとしてこそはござれ、後《うしろ》でそれぞれの声のするを、聞ふとおもふて居る人は、一人もござらぬわひの。然るに不時《ふじ》にひょっひょっと、それぞれの声が通じわかれて、聞たがはずきこゆるは、不生の仏心で聞といふものでござるわひの。我は前かたから、それぞれのこえがせば、聞ふとおもふ念を生じて居たゆへに、聞たといふ人は、此座には一人もござらぬわひの。それなれば、不生の仏心で聞といふもので御座る。不生にして霊明なが、仏心に極りきったといふのを、人々皆決定して、不生の仏心で御座る人は、今日より未来永劫の、活如来と申ものでござるわひの。仏といふも生じた跡の名でござれば、不生な人は諸仏のもとで、居るといふものでござるわひの。不生なが一切のもと、不生なが一切のはじめでござるわひの。不生より一切の始といふ物はござらぬゆへに、不生なれば、諸仏のもとで居ると、いふもので御座る。所で、不生にして居れば、最早《もはや》不滅といふも、むだ事でござれば、身どもは、不生といふて、不滅とは申さぬ。生ぜぬものの、滅するといふ事はなきほどに、不生なれば、不滅なのは、いはむでもしれてある事でござるわひの。不生不滅といふ事は、むかしから、経録にも、あそここにも出てござれども、不生の証拠がござらぬ。其ゆへにみな人が、只不生不滅とばかり覚て、いいますれども、決定して不生な事を、しりませぬわひの。

身どもが年二十六の時、はじめて一切事は、不生でととのふといふ事を、わきまへましたより此《この》かた、四十年来仏心は不生にして、霊明なものが、仏心に極ったといふ事の、不生の証拠をもって、人に示して説《とく》事は、身どもが初て説出《ときだ》しました。只今会中《えちゅう》の僧の内に、身どもより先に仏心は不生にして、霊明なのに極ったといふ証拠をもって、人に示された人が有て、聞たといいてはござるまひ。身どもが初て証拠を、説だしましたわひの。

不生で居ますれば、一切のもとで居るといふものでござるわひの。前仏の決定する所も不生の仏心、今日末世なれども、一人でも不生で居る人があれば正法《しょうぼう》がおこったといふものでござるわひの。みなの衆さうじゃ御座らぬか。

禅師つねに不生の正法を衆生にしめしたまへるは、右一段の通りにて之有り候。しかるにより、此一段をよく呑こみて、末の示しどもを聞ねば、合点ゆかざるもの也。

「法を識《し》る者は懼《おそ》る」

『盤珪禅師語録』の第九回目です。

「或僧問、それがし熟睡いたした時、夢を見ます事がござります。夢はなんとした事で見ますぞ。此義がうけ玉はりたふございます」。どうしてこの質問が、ここにきているのかはわかりませんが、あるお坊さんが盤珪禅師に質問されました。私は熟睡した時に夢を見ます。夢はどうした時に見るのでありましょうか。これを承りたい。

「師曰、熟睡すれば夢を見はせぬわひの」。盤珪禅師は、熟睡していれば夢を見ることはない、と仰った。「夢を見るはじゅくすいといふ物ではない。僧、語なし」。この通りです。熟睡をしていれば夢は見ない。夢を見ているということは、熟睡しているというわけではない。そう言われて、このお坊さんも、答えようがなかったということです。

何を言わんとしているのでしょうか。仏心に目覚めていさえすれば、夢を見ることはないということでしょうか。夢というのは、迷いを表しているのでしょう。そうしますと、夢を見るということは悟りではないということになります。仏心に、迷いの夢というものは、ありはしない。夢を見るということは仏心ではないということだ、ということを言わんとしているのでしょうか。これは、それくらいでよろしいかと思います。

次です。「禅師、美濃妙法山正眼寺《しょうげんじ》にいたり、国師を礼し、住持衆《じゅうじ》とともに説法をこふ」。盤珪禅師が岐阜県美濃加茂の正眼寺、ここは妙心寺のご開山、関山慧玄《かんざんえげん》国師が、大燈国師の元で悟りを開かれたのちに、聖胎長養《しょうたいちょうよう》という言葉を使いますが、自分が得た悟りをすぐ人に説くことをせずに、この美濃の山中で長い間熟させていったことを言います。とくに関山国師の場合は、この伊深の人たちとともに、田んぼを耕したり、畑仕事をしたりして働きながら、悟りの境涯をさらに養っておられたのです。

ですから正眼寺はいわゆる妙心寺にとっての聖地です。奥の院ともいうべきところで、大道場でして、今日でも修行道場となっています。住持は今で言うところの住職であり和尚です。それから何人もの修行僧がいたのでしょう。彼らが盤珪禅師に説法をお願いした。

ところが盤珪禅師は「師云、是は開山国師の道場で、恐れ多くござる程に、説法はいたすまいと有《いう》て、かたく辞退あれども、是非ともに寺主達て願ふゆへ、是によって説法有《あり》。住持椅子をかざり請ずれども、其《その》椅子に乗たまはず、下座にて示し有と申す。法を知る者はおそる」。これも盤珪禅師の人となりをよく語っている逸話です。関山国師、これは妙心寺のご開山です。関山慧玄国師が修行された尊いところ、こういう場で説法するのは恐れ多い。説法してくださいと言われたけれども、それはしませんと言って、固く辞退した。

しかし、せっかく遠路はるばる、かの高名な盤珪禅師がお越しくだされたので、ぜひ説法をお願いいたします、と住持が心をこめてお願いするので、やむを得ず説法された。その時に、椅子、これは、お坊さんが座る曲録《きょくろく》のようなものであるのか、または提唱する時に使う高い台のようなものかは分かりませんが、禅師がお説法するにふさわしい椅子を出して、どうぞそこにお座りになってお説法くださいとお願いしたのです。しかし、そのように高い椅子に座ることは遠慮され、下座で説法された。

「法を識る者は懼る」という言葉がありますが、真理というものに目覚めた者、仏法を知っている者は、謙虚さや慎み深さをもっているということです。関山国師のところで恐れ多いという、このように謙虚に慎む姿勢を生涯お持ちだったところも、盤珪禅師の尊いところだと思います。

不生の証拠とは

「禅師衆に示して曰、皆親のうみ附てたもったは仏心ひとつで御座る。余のものはひとつもうみ附はしませせぬ」。これは一番最初の頃に、あるお坊さんが生まれつき短気でどうしようもなく、困っております。どうしたらいいでしょうかという質問に対して、盤珪禅師が説いたところです。

親から産みつけてもらったのは仏心一つだ。短気などは産みつけてもらったものではない。それは自分のわがままな欲望、感情に流されて気に入らないものに対して腹を立てているだけだ。自分で勝手に腹を立てているのであって、親が産みつけたものでは決してない。それを、親が産みつけたものであるというのは、大きな親不孝だとお説法されたところがありました。親が私たちに産みつけてくれたものは仏心一つで、それ以外に産みつけたものはなにもないのだと。

「其《その》親のうみ附てたもった仏心は不生にして、霊明なものに極りました。不生な仏心、仏心は不生にして霊明なものでござって、不生で一切事がととのひまするわひの」。親が私たちに産みつけてくださったのは仏心である。仏心は不生である。不生というのは、修行などの条件によって作り出されたものではない。はじめから具わっているもので、霊明、素晴らしいはたらきをするものである。それが真理の究極だ。これが仏道の究極のところである。不生の仏心、元来、具わっている仏心は素晴らしいはたらきをしているものだ。そういうことで、あらゆる問題は片付くのである。これが盤珪禅師の説法の核心です。

「其《その》不生でととのひまする不生の証拠は、皆の衆がこちらむひて、身どもがかふ云事を聞てござるうちに、うしろにて烏《からす》の声 雀《すずめ》のこえ、それぞれの声をきかふと、おもふ念を生ぜずに居るに、烏のこえ雀の声が通じわかれて、聞違はずにきこゆるは、不生で聞《きく》といふものでござるわひの。其《その》如くにみな一切事が、不生でととのひまする」。不生で全てが調う。その証拠がどのようなものか。似たような説き方は過去の祖師にもありましたが、盤珪禅師が不生とはどういうことであるか伝えたいと思って、次のようなことを常に言いました。

皆の衆、お説法を聞いている人が、みんな盤珪禅師の方を向いて話を聞いている間、意識のはたらきはみんな、目も耳も盤珪禅師の方へ向かっているわけです。しかし、その状況でも、後ろの方で烏がカーカー鳴く、雀がチュンチュン鳴く。そうすると、盤珪禅師のお説法を聞こうと集まって、一心にそちらに意識を向けているので、烏や雀の声を聞こうとは思っていないわけですが、なんの思いも起こさないのに、ちゃんと烏の声はカーカーと聞こえるし、雀の声はチュンチュンと間違わずに聞こえている。それが仏心のはたらきである。何も意識をしないのに聞いているというはたらきがある。これが仏心である。ここに目をつけて、ここに落ち着くことができれば、私たちはなんの労苦もせずに、仏心に生かされているということが、はっきりわかるのでしょう。そのようにすれば、あらゆる一切のことが不生で調うのだと説かれました。

見るにしても、見ようと思う以前に、見るはたらきがきちんとはたらいて、見えている。烏の声、雀の声、何の声であろうと聞こえる。たとえば物が落ちる音がする。聞こうという思いを起こさなくても、きちんと聞くというはたらきをしているものがある。意識をしてあれをしよう、これをしようと思う以前に、すでにはたらいているものはなにか。盤珪禅師はそれを不生の仏心と名付けたわけです。素晴らしい仏心のはたらきであると。

「是が不生の証拠でござるわひの」。なにも思い図る以前に聞えている。これが不生の仏心の証拠である。これが不生の仏心であるならば、私たちはあれこれ考える以前に、不生の仏心がはたらいて生きているのだとわかります。さらに言えば、息を吐く、息を吸うということも、とくに呼吸法をする時には意識するでありましょうが、といって二十四時間ずっと息を意識する人はいないでしょう。いくら一生懸命やろうと思っても、呼吸を忘れている時もあります。しかし、息を吸おう、息を吐こうと意識する前に、吸って、吐いている。これが不生にして霊明な仏心のはたらきだ。これに極まっており、これでいいのだ。

「其《その》不生にして霊明な仏心に、極ったと決定《けつじょう》して、直《じか》に不生の仏心のままで居る人は、今日より未来永劫の活如来で御座るわひの」。この不生の仏心のままでいさえすれば、それでいい。それでいいという人に、迷いはないのです。熟睡したならば夢はない、というのは、このことかもしれません、仏心に決定したならば、もはや迷いが起こる道理はないので、その人は今日より未来永劫、生きた如来である。

「今日より仏心で居るゆへに、我宗を仏心宗といひますわひの」。今日よりお互いは仏心でいるのだから、そこで私たちの教えを仏心宗というのだ。禅宗と言わずに仏心宗という呼び方は昔からあったようです。それを盤珪禅師はこの時にあらためて強調されました。

不生の仏心のはたらき

さらに同じような説明が続きます。「さて皆の衆がこちらむひてござるうちに、うしろで啼《なく》雀の声を、烏の声とも間違はず、鐘の声を太鼓のこえとも、聞たがはず、男のこえを女の声とも聞たがはず、おとなの声を、子供とも聞たがはず、皆それぞれの声を、ひとつも聞たがはず、明かに通じわかれて、聞そこなはず聞しるは、霊明の徳用ともいふものでござるわひの」。これもまさしく、今のところの繰り返しです。みんなが盤珪禅師の方に意識を向けて話を聞いている。しかし、それとは関係なく後ろで鳴いている烏や雀の声を聞き間違うことはない。カーカー鳴けば、ああ烏だ、チュンチュン鳴けば、ああ雀だ、ゴーンと鳴れば鐘の声と知る。鐘と太鼓の音を聞き間違うことはない。男性の声、女性の声とわかる。大人は大人、子供は子供の声とわかる。意識しなくても、わかる。分析をするわけでもなく、何の計いもせずにはたらくのが、仏心の素晴らしいはたらきなのだ。そのように受け止めることが出来たならば、私たちはまさに仏心で生きているということに、他ならないでしょう。

「是が則《すなわち》仏心は不生にして、霊明なものといひまする。其《その》霊明な証拠でござるわひの」。証拠ということを盤珪禅師は繰り返し説かれますが、これこそ仏心がどんなに素晴らしいはたらきをしているかという、確かな証拠だ。それは、今こうして私の話を聞いていても、後ろで烏の声がすれば、烏の声と聞くではないか。

「もしまた我は聞ふとおもふ、念を生して居たゆへに、聞たといふ人がござらば、それは妄語の人でござるわひの。身どもがかう云事を、こちらむひて、盤珪は、いかやうな事をいはるるかと、皆耳をかたむけて、一心に聞ふとしてこそはござれ、後《うしろ》でそれぞれの声のするを、聞ふとおもふて居る人は、一人もござらぬわひの」。これも同じことの繰り返しですが、反論です。自分は烏の声、雀の声をきちんと聞こうという念を起こしていたから聞こえたのだ、と言い張る人がいたら、それは妄語、嘘を言っているのだ。みんな、私の方を向いて、この盤珪が何を言うかを一心に聞こうとしているのであって、後ろの方で鳴く烏の声を聞こうと耳を傾けている人はいないのだ。まさしくその通りでしょう。

「然るに不時《ふじ》にひょっひょっと、それぞれの声が通じわかれて、聞たがはずきこゆるは、不生の仏心で聞といふものでござるわひの」。不時というのは、思いがけない時という意味です。みんな盤珪禅師の話を聞こうと思っているのに、思いもかけない時に後ろの方で烏が鳴けば、ちゃんとそれぞれの声を聞き違わずに聞くのは、不生の仏心がはたらいて聞いているからなのです。

「我は前かたから、それぞれのこえがせば、聞ふとおもふ念を生じて居たゆへに、聞たといふ人は、此座には一人もござらぬわひの。それなれば、不生の仏心で聞といふもので御座る」。自分はあらかじめ、外で烏の声がしたらその声を聞こう、雀が鳴けばそれを聞こう、という念を起こしていた人はこの座には一人もない。何の念も起こさずに、何の造作も計らいもする前に、聞いているのですから、それが不生の仏心なのです。私たちが生まれて生きて活動していること自体が、仏心の不生にして霊明なはたらきなのだということなのです。

「不生にして霊明なが、仏心に極りきったといふのを、人々皆決定して、不生の仏心で御座る人は、今日より未来永劫の、活如来《いきにょらい》と申ものでござるわひの」。不生にして霊明、もともと生まれつきに具わっていて素晴らしいはたらきをしているのが仏心である、真理はここに極まったのだということを、はっきりとさせて、不生の仏心でいる人は、今日からそのまま生きた仏様であるというものだ。仏というのは、なろうというものではない。もともと仏なのだ。はじめから仏として活動しているのが、お互いの生きている様子なのだと盤珪禅師は仰せになるのです。

「仏といふも生じた跡の名でござれば、不生な人は諸仏のもとで、居るといふものでござるわひの」。仏というのも、思いを生じた後の名前である。本当は、不生のところでは仏という名前すらないのです。お互いは仏様のもとで寝たり起きたりして暮らしているようなものだ。

「不生なが一切のもと、不生なが一切のはじめでござるわひの」。不生の仏心があらゆる存在の根本であり、一番始めでもある。

「不生より一切の始といふ物はござらぬゆへに、不生なれば、諸仏のもとで居ると、いふもので御座る」。不生の仏心より始めにあるものはないのだ。不生の仏心でいるということは、仏様のもとにいるのと同じことなのだ。

不生は一切のもと

「所で、不生にして居れば、最早《もはや》不滅といふも、むだ事でござれば、身どもは、不生といふて、不滅とは申さぬ。生ぜぬものの、滅するといふ事はなきほどに、不生なれば、不滅なのは、いはむでもしれてある事でござるわひの」。盤珪禅師は不生の仏心を「不生」と説かれて「不滅」とは言われませんでした。般若心経の中にも「不生不滅」という言葉があり、そのように説かれることが多いと思います。また私たちは、不生と言われるよりも、不滅と言われる方が理解しやすいように思います。

しかし盤珪禅師は、不生といえば不滅という必要はないとされます。生じないものは滅する道理はない。滅するということは、何かの条件で作り出されたものであるから、何かの条件で滅する。しかし、作られたものでなければ、滅する道理はない。不生であれば不滅だということは、言わなくてもはっきりしているのだというのです。

「不生不滅といふ事は、むかしから、経録にも、あそこここにも出てござれども、不生の証拠がござらぬ」。不生不滅ということは、さまざまな経典など、そこかしこに出ております。しかし不生の証拠というのはどういうものか、はっきりされていない。盤珪禅師はふっと気付かれたのでしょう。見ようと思う以前に見える。聞こうとする以前に聞いている。思いを起こす以前に、悟りは成就されていると気付いた。

そこで「其ゆへにみな人が、只《ただ》不生不滅とばかり覚て、いいますれども、決定して不生な事を、しりませぬわひの」。みんな概念で捉えようとするので、不生不滅とばかり言うけれども、しかし、この不生ということがどういうことかはっきりしている人はいないのだ。盤珪禅師は「大学の道は明徳をあきらかにするにあり」ということに疑いを持ちまして、自分なりの坐禅をなさって、二十六歳の時に血の痰《たん》を吐いて、自分はもう死ぬのかなという時に、ひょっと、一切のことは不生で調うと気付いた。

「身どもが年二十六の時、はじめて一切事は、不生でととのふといふ事を、わきまへましたより此かた、四十年来仏心は不生にして、霊明なものが、仏心に極ったといふ事の、不生の証拠をもって、人に示して説《と》く事は、身どもが初て説出《ときだ》しました」。二十六歳の時に、不生の仏心で全ては調っているのである、何もしなくても調っているのだと気付いてからというもの、四十年来、不生の証拠を話して説いているのは私が初めてだ。

「只今会中《えちゅう》の僧の内に、身どもより先に仏心は不生にして、霊明なのに極ったといふ証拠をもって、人に示された人が有て、聞たといいてはござるまひ」。この中に、私より前に不生の仏心が元来具わっていて、素晴らしいはたらきをしていると、確かな証拠をもって示した人がいるだろうか。そんな人はいないだろう。

「身どもが初て証拠を、説だしましたわひの」。盤珪禅師は自分が初めて、不生がどういうものか、確かな証拠をもって説き出したのだといいます。「不生で居ますれば、一切のもとで居るといふものでござるわひの」。不生の仏心でいるというのは、一切の根本のところにやすらっているというものである。不生の仏心は、あらゆるものの一番根本おおもとなのです。

「前仏の決定する所も不生の仏心、今日末世なれども、一人でも不生で居る人があれば正法《しょうぼう》がおこったといふものでござるわひの。みなの衆さうじゃ御座らぬか」。過去の仏様が明らかにしたところも不生の仏心一つだ。今の時代は仏のいない末世だが、一人でも不生の仏心に目覚め、不生の仏心でいる人がいれば、それだけで仏様の正法がそこに興ったということなのだ。一人でも不生の仏心を自覚して、そのままでいるのならば、それだけで、正法が盛んになっているということなのだ。皆さん、そうではないか。

「禅師つねに不生の正法を衆生にしめしたまへるは、右一段の通りにて之有り候。しかるにより、此一段をよく呑こみて、末の示しどもを聞ねば、合点ゆかざるもの也」。このようにして、盤珪禅師は常に、不生の仏心という正しい教えを私たちに示してくださいました。ですから、この不生の仏心は、これが盤珪禅師の話の核心です。皆誰しも聞こうという念を起こさずに聞いている。これが仏心の素晴らしいはたらきである。ここをよく飲み込んで、この後の示しを聞くとよく分かる、ということを示されているのです。

ここで、小川隆先生の『禅思想史講義』（春秋社）の中で、盤珪禅師の不生の仏心についてわかりやすく説明してくださっているところがあるので、その一部を抜粋してご紹介します。

「盤珪は『不生の仏心』ということをしきりに説きました。『不生』というのは後天的に新たに生み出されたものでなく、もともと具わっているものだということです」。なにかとくに修行、坐禅や読経によって作り出されたものではない。もともと具わっているのです。「親から生みつけてもらったものは、この『不生の仏心』ただひとつ。それにさえ目覚めておれば、寝れば『仏心』で寝、起きれば『仏心』で起き、歩くも坐るも、しゃべるも黙るも、飯を食うのも服を着るのも、みな『仏心』での営みにほかならない」。これが中国・唐の時代の馬祖道一禅師が説かれた、「平常心是道《びょうじょうしんこれどう》」、「即心是仏《そくしんぜぶつ》」の教えに他ならないのです。「さすれば、へいぜい自らが『活き仏』なのであって、いついかなる時も、自ら『仏』でない時がない」。仏とは自分が作り出したものではない、元来が仏であるから、仏でないときはない。「ことさら『仏』になろうと励んだり、修行中の居眠りを叩いたり叱ったりするのは、とんだ見当ちがい。わざわざ『仏』になろうとするよりも、『仏』でいるほうが、面倒がなくて、近道でござる」。修行ですから、仏になろうと努力してきたのでありましょう。努力が全く関係ないかといえば、そうでもないと思うのですが、しかし盤珪禅師からすると、造作なことになるのです。

修行中の居眠りを叱ったり叩いたりするのは、とんでもないというのです。それは仏が眠っているのだ。眠るというはたらきも、不生の仏心の素晴らしいはたらきに他ならない、というのが盤珪禅師の教えなのです。服を着たり、寝たり起きたり、小便をしたり、それらが全て、仏心の素晴らしいはたらきなのだ。仏になろうとするよりも、仏でいる方が近道だとするのです。「盤珪はいつもそんなふうに説いていました。唐代禅、とくに馬祖禅の原初の生命を活き活きと再現したものと言える」。馬祖道一禅師は「平常心是道」と言いました。造作をしない、取捨しない。迷いの心を捨てて悟りの心をとろうという分別をしない。日常の暮らし、心のはたらきの全てがそのまま仏の営みである。仏というのは努力して達成するものではなくして、元来この、生身の体の現実態が仏であるというのが、馬祖道一禅師の教えでした。

そんな古い唐の時代の禅の教え、禅の原初の生命を盤珪禅師は期せずして再現されたように思われるのです。なにも盤珪禅師は、馬祖道一禅師や黄檗の語録を研究し、唐代の禅はこうだったからこのように示されたわけではありません。ただひたすら坐禅をして、自分の心を見つめていった結果、これはもともと仏であった、何の造作もする前に仏としてあったということに目覚めたのです。そこが馬祖禅師や唐の時代の禅師の悟りと一致していたのです。そこが盤珪禅師の教えの魅力なのです。今日はここまでにしておきます。

第一〇講　凡夫とはだれか

禅師の曰、ある和尚の身どもにいはるるは、そなたも毎日毎日、また同し事ばかりを示さずとも、あいだには少し又因縁古事物語をもして、人の心もさはやかに入りかはるやうに、説法をば致されしかるべしといはれました。

我斯《かく》のごとくどんなれども、人のためになる事ならば、どんなりとも故事のひとつや、ふたつは、おぼやうと思ふたらば、おぼへかねもしますまひが、其《その》やうな事を示すは、衆生に毒をくはするやうなものにて、御座るわひの。毒をくはする事は、まづ得しませぬ。惣じて身どもは仏語祖語を引て、人に示しもしませぬ。只人々の身の上のひはんですむ事でござれば、すむに、又仏祖の語をひかうやうもござらぬ。身どもは仏法もいはず、又禅法もいはず、説ふやうも御座らぬわひの。みな人々今日の身の上の批判で相すんで、埒《らち》の明《あく》事なれば、仏法も禅法も、とかふやうもござらぬわひの。皆人々親のうみ附てたもったは、不生の仏心ひとつばかりじゃに、我身のひいきゆへに、皆我おもはくをたてたがって、顔に血をあげて、あらそひはらを立ねども、あひつがいいぶんが聞えぬゆへに、我にはらを立させりとて、むかふのもののいひぶんにとんぢゃくし、大事の一仏心をつい修羅にしかへ、せんなき事をくやくやとおもひて、くり返しくり返し、念に念をかさねて、相続してやまず。たとへ思ひを遂《とげ》すましてから、畢竟《ひっきょう》やくにもたたぬ事を、愚痴におもひ明らめず、愚痴は畜生の因なれば、大事の一仏心を其《その》ままつい内証には、上々の畜生にしかへるなり。みな賢き人で居ながら、不合点ゆへに仏心を餓鬼にしかへ、修羅にしかへ、畜生にしかへ、種々あれこれさまざまのものにしかへ、餓鬼になり、修羅になり、畜生になるなり。畜生になりたれば、最早《もはや》道理を聞ても耳にもいらず、たとへ耳にいれども、人で居た時さへたもたなんだ程に、畜生に成たれば、道理を聞くもなを耳にたもつ智慧なければ、地獄より地獄につつり、畜生より畜生になり、餓鬼より餓鬼になりて生々世々くらきよりくらきに入、輪廻きはまりなく、無量の苦を受て、万劫千生が間、我作りたる罪業を、我またはたくに隙なし。人身ひょっと一度とりはづしたれば、誰でもかくのごとくで、大事でござる。只仏心をよのものに、しかへぬといふ事を能能《よくよく》合点したがよふござる。

今此場に居る人は、一人でも凡夫はござらぬ。みな人々不生の仏心ばかりでござる。凡夫でござるとおもはしゃる方が御座らば、これへ出さしゃれい。凡夫はどのやうなるが、凡夫でござるといふてみやしゃれ。此座にも一人も凡夫はござらぬ。もし此座を立てしき居ひとつまたがり出るか、また人まへに出て人がひょっと行あたるか、又後からつきたをすか、又宿所へ帰て男でも、女でも、子供でも、下男下女でもあれ、我気にいらぬ事を見るか聞かすれば、はやそれにとんぢゃくをして、顔へ血をあげて身のひいきゆへにまよふて、仏心を修羅につゐしかへるなり。其《その》しかへるときまでは、不生の仏心で居まして、凡夫ではござらぬ。其時生じて、つひちょろりと、凡夫に成ますする。一切のまよひはかくのごとく、むかふのものにとんぢゃくして、我身のひいきゆへに、仏心を修羅にしかへて、我でにみなまよひます。むかふのものはいかやうにありとままよ、向ふて貪着せず、我身のひいきをせずして、只仏心のままで居て、余のものにしかへさえせねば、まよひはいつとても出来ませぬ。常住不生の仏心で、日を送るといふものでござる。然ればば今日の活仏《いきぼとけ》ではござらぬか。決定《けつじょう》して今日の活仏で尊ひ事で御座る。

みずからの言葉で語る

「禅師の曰、ある和尚の身どもにいはるるは、そなたも毎日毎日、また同し事ばかりを示さずとも、あいだには少し又因縁古事物語をもして、人の心もさはやかに入りかはるやうに、説法をば致されしかるべしといはれました」。今回のところは、ある時の盤珪禅師のお説法です。ある和尚が盤珪禅師に言われた。

盤珪禅師は、今までお話してきたように、いつも、銘々持って生まれたのは不生の仏心一つでござる、余のものは一つも産みつけてはござらぬ、その不生の仏心を貪欲《とんよく》、貪り欲望によって餓鬼、争う心によって修羅、いつまでも悔やむ心によって畜生などの愚かな迷いの世界を作ってしまうと説きました。その身の上の批判、つまり、本来は不生の仏心一つであるのに、どのように自ら、迷いの世界を作り出してしまうのかということを、よく理解して、不生の仏心のままでいられるようにすれば十分だ。仏になろうとするよりも、仏のまま、不生の仏心のままで暮らすのだと、いつもその話しかしません。

ですからこの和尚は、毎日同じ話ばかりせずに、その間にさまざまな昔の物語、どのような方がどのような縁によって、どのような目覚めを得たか、どのような体験をしたかというような物語を織り交ぜたらどうか。あるいは信心をしたら、こんな素晴らしい功徳があったというような霊験談でもすればいいではないか。そうすれば、聞く人の心も爽やかになるのではないか。それまで曇っていた心も、爽やかに入れ替わることもありましょう。そのように、もう少し工夫をして、聞いて爽やかになるような、心が晴れるような話でもした方が良いのではないでしょうか。そのようにして欲しい、と言われた。

これも確かに、人の心を爽やかにするという話も、できないわけではないでしょう。しかし、一時爽やかに、楽しい思いをしても、それが本当にその人にとっての救いになるかというと、そうは簡単にいきません。同じ話を繰り返し、繰り返し、繰り返し聞くことが大事なのです。人間というのは、常に目新しいものを好むものです。知らなかった話が聞けるというと、心が刺激されて喜ぶものです。

毎回毎回、明けても暮れても不生の仏心ばかりでは、確かにだんだんと、他の話も聞かせて欲しいという気になるのも、わからないではありません。しかし、何度も何度も、繰り返し、繰り返し、繰り返し聞くことによって、それが体に染み渡っていくのです。新しい話というのは刺激を与えてくれますが、それはほんの一瞬のことです。しばらくすると、他の話はないか、と思うようになりますが、そこに本当の安らぎはないように思います。

そんなことを言ってきた和尚さんがいたので、「我斯《かく》のごとくどんなれども、人のためになる事ならば、どんなりとも故事のひとつや、ふたつは、おぼやうと思ふたらば、おぼへかねもしますまひが、其《その》やうな事を示すは、衆生に毒をくはするやうなものにて、御座るわひの。毒をくはする事は、まづ得しませぬ」。「どん」というのは「鈍」です。あまり聡明ではない、鈍い。もちろんこれは謙遜ですが、私はこのように鈍い人間で、気の利いた話ができるような才能もございません。しかし、聞いてくださる人のためになるものならば、昔のそのような因縁話を覚えようと思えば、できないことはない。

しかし、今申しましたように、一時爽やかな気持ちになっても、また欲しがりますから、もっと刺激を欲しがるというのを繰り返すだけだ。それは本当に、その人の救いにならないどころか、欲望を追い求める習性を持ってしまいます。一瞬の満足を得るために、次々求め続けるので、苦しみを与えることにしかなりません。だから毒を食べさせるようなことなのだ。人々のためになることならば、喜んでするけれども、毒を食べさせるようなことは私にはできません。こう、盤珪禅師は仰せになります。

「惣じて身どもは仏語祖語を引て、人に示しもしませぬ」。ここが他の祖師方に見られないところだと思います。私自身も、今こうして『盤珪禅師語録』という書物を読んで皆さんにお話しているわけですが、盤珪禅師はそのように、昔の人の言葉、祖師の語録を用いません。仏様の言葉であれば経典です。『法句経』だとか、『法華経』にはこう説かれている、『華厳経』にはこういう教えがございます、臨済禅師はこう言われた、白隠禅師はこうお示しでございます、というように、私たちはそうした経典や語録を元にしてお話します。しかし盤珪禅師はそういうことをしない。自分自身の言葉で語るのです。不生の仏心という言葉だけは仏教の言葉ですが、その説きようといい、ご自身の言葉で表現されているのです。昔の人の経典や祖師の語録を引用して話すようなことはしない。

「只人々の身の上のひはんですむ事でござれば、すむに、又仏祖の語をひかうやうもござらぬ」。「身の上のひはん」というのは、本来、不生の仏心一つなのだけれども、貪欲の心で餓鬼になり、怒りの心で修羅になり、愚かな心で畜生になってしまうということを、この体の上においてよく見て、納得をすればそれで済むという教えです。だから、それ以外に仏の言葉や祖師の語録の言葉を引用する必要はない、というのです。

「身どもは仏法もいはず、又禅法もいはず、説ふやうも御座らぬわひの」。「仏法もいはず」というのは、昔の人の言葉をそのまま語るような仏法は言わないという意味です。盤珪禅師は独自の体験から語られる言葉が仏法になっているのです。「禅法もいはず」、禅といっても何々禅師が言われた、ということを説くわけではない。説こうという気持ちもない。しかし、その教えが禅になっているのです。

身の上の批判ですむ

「みな人々今日の身の上の批判で相すんで、埒《らち》の明事《あく》なれば、仏法も禅法も、とかふやうもござらぬわひの」。銘々本来、不生の仏心一つであるのに、どのようにして迷ってしまうか。我が身の上で見て納得すれば、それではっきりするのだ。それをよく見ていれば、本来は不生の仏心一つだということがはっきりするので、昔の言葉を用いて仏法を説いたり、禅の教えを説いたりすることはいらない。盤珪禅師が独自に語られた不生の仏心の教えが独自の禅の教えとなっているのです。

「皆人々親のうみ附てたもったは、不生の仏心ひとつばかりじゃに、我身のひいきゆへに、皆我おもはくをたてたがって、顔に血をあげて、あらそひはらを立ねども、あひつがいいぶんが聞えぬゆへに、我にはらを立させりとて、むかふのもののいひぶんにとんぢゃくし、大事の一仏心をつい修羅にしかへ、せんなき事をくやくやとおもひて、くり返しくり返し、念に念をかさねて、相続してやまず」。皆、親が産みつけてくれたのは不生の仏心一つである。ところが、自分自身を可愛がるために、自分の考えで思い通りにしたいと思う。顔を真赤にして争い、腹を立てる。そこまで行かないにしても、先方の言い分に耳を貸さないから、あいつが私に腹を立てさせたのだと言って、向こうのことに貪着して、大事な、尊い仏様の心を争いの心に変えてしまう。盤珪禅師は尊い宝をそんなものに変えるのが、どんなに愚かなことかわかれば、それで済むのだと言います。

我々も、どうにもならないゴミと、素晴らしい値打ちのある宝があったとして、その価値がわかっていれば、わざわざ宝をゴミに取り替えようとはしません。それと同じように、我々の本来持っている心は素晴らしい仏心だ。道理をわきまえていれば、それを修羅の心に変えるなど、そんな愚かなことはしなくなる。もう済んでしまった仕方のないことを、いつまでも思い悩んでいると、畜生の世界を作り出しますので、そんな愚かなことはしなくなるのです。そういうことが身の上の批判なのです。

「たとへ思ひを遂《とげ》すましてから、畢竟《ひっきょう》やくにもたたぬ事を、愚痴におもひ明らめず、愚痴は畜生の因なれば、大事の一仏心を其《その》ままつい内証には、上々の畜生にしかへるなり」。たとえ自分の思いを遂げることができたとして、その後になっても、ああすればよかった、本当にこれでよかったのだろうかと、役に立たないことを心の中に引きずってしまいます。そうすると、その心は畜生の世界を生み出す原因であるので、尊い仏心の中身は、いつの間にやら上々の畜生といいますから、上々とはずいぶん皮肉な表現でありますが、立派な畜生に変わってしまっているではないかというのです。

「みな賢き人で居ながら、不合点ゆへに仏心を餓鬼にしかへ、修羅にしかへ、畜生にしかへ、種々あれこれさまざまのものにしかへ、餓鬼になり、修羅になり、畜生になるなり」。これなんです、みんな合点していないからなのです。自分の身の上において、いかに愚かなことであるかがよくわかっていれば、素晴らしい宝とゴミを取り替えることはしないのです。世間では立派な知恵のある人でありながら、合点がいかない、ちゃんとわかっていないから、仏心を餓鬼、修羅、畜生、という迷い苦しみにし変えてしまう。せっかく人間に生まれていながら、内心は餓鬼になり修羅になり、愚かな畜生になってしまっているのではないか。

「畜生になりたれば、最早《もはや》道理を聞ても耳にもいらず、たとへ耳にいれども、人で居た時さへたもたなんだ程に、畜生に成たれば、道理を聞くもなを耳にたもつ智慧なければ、地獄より地獄にうつり、畜生より畜生になり、餓鬼より餓鬼になりて生々世々くらきよりくらきに入、輪廻きはまりなく、無量の苦を受て、万劫千生が間、我作りたる罪業を、我またはたくに隙なし」。ひとたび畜生になったならば、手遅れだ。仏様の話を聞いても、耳に入らないでしょう。たとえ耳に入ったとしても、人間でいたときでさえ、不生の仏心の話を聞いても不生の仏心でいることが出来なかったのだから、まして畜生になってしまったならば、そんな仏心仏性の話を聞いても、自分の身に保つ智慧がない。

地獄の世界から地獄の世界を作り出し、畜生の世界からさらに畜生の世界に落ち、餓鬼の世界からさらに餓鬼の世界に落ちて、何度も生まれ変わり死に変わり、暗い迷いの世界に入って、いつまでも輪廻、生まれ変わりを繰り返す。数え切れないほど長い間生まれ変わり死に変わる間に、自分が作った罪業を払いのける暇もないほどである。そうなると救いようがない。

こういう苦しみから、いかに逃れることができるのか。これがお釈迦様が求めたところでした。お釈迦様の教えから仏教は発展し、今日、私たちが学んでいるのが大乗仏教であり、その大乗仏教の一つが禅の教えです。盤珪禅師は不生の仏心一つに目覚めたならば、このような輪廻に落ちることはないのだとします。それは自分で思惑を立て、自分の身贔屓ゆえに、餓鬼や畜生、修羅、地獄の世界を作り出すのだから、それをせずに不生の仏心のままでいれば、そんな苦しみを繰り返すことはない、というのが盤珪禅師の教えなのです。

「人身ひょっと一度とりはづしたれば、誰でもかくのごとくで、大事でござる」。ひとたび人間に生まれた、それは仏の教えを聞いて理解することができるということだ。しかし、ひとたび人間の身を失ってしまったならば、正しい教えを聞いても目覚めることができなくなる。だから、この教えを理解することが大事である。「只仏心をよのものに、しかへぬといふ事を能能《よくよく》合点したがよふござる」。尊い仏心を、それ以外の地獄や餓鬼や畜生の世界に変えないようにすると理解し、納得することが大事である。

ただ不生の仏心のままに

「今此場に居る人は、一人でも凡夫はござらぬ。みな人々不生の仏心ばかりでござる。凡夫でござるとおもはしゃる方が御座らば、これへ出さしゃれい」。今ここにいる人の中に凡夫は一人もいない。仏心を持った仏様ばかりである。なにも盤珪禅師だけが不生の仏心の生き仏ではない。みんなが仏様だ。自分はとても仏ではありません、愚かな凡夫でございますという人がいれば、出てきなさい。「凡夫はどのやうなるが、凡夫でござるといふてみやしゃれ」。凡夫というのはどんなものか、言ってみなさい。「此座にも一人も凡夫はござらぬ」。凡夫というのは平凡な人ということではありません。迷っている人です。そんな人はいないのだ、みんな仏心なのだ。

「もし此座を立てしき居ひとつまたがり出るか、また人まへに出て人がひょっと行あたるか、又後からつきたをすか、又宿所へ帰て男でも、女でも、子供でも、下男下女でもあれ、我気にいらぬ事を見るか聞かすれば、はやそれにとんぢゃくをして、顔へ血をあげて身のひいきゆへにまよふて、仏心を修羅につぃしかへるなり」。この場に居て盤珪禅師の話を聞いているときは、みんな不生の仏心一つで仏なのです。ところが、この説法の座を立って、本堂などから出て、人が大勢いるところへ出て、誰かがぶつかってきたり、後ろから突き倒されたりすると、カッと頭に血が上ります。

ありがたい教えを聞いて、なるほど、みんな仏の心をいただいていて、そのままでいればいいのだと思っていても、今であれば、帰りの電車の中が混んでいて、隣の人から足を踏んづけられますと、「こんちくしょう」と一瞬のうちに修羅の心に変わってしまう。あるいは、お寺で説法を聞くために宿をとっている人もいるのでしょう。宿に帰ったときに、どんな人であろうと、気に入らないことを見たり聞いたりすると、たとえば悪口でも言われているのを聞くと、はやくもそれに心がとらわれて、「何を言うか」と腹を立てる。自分だけを可愛がりたいという思いゆえに、心をつい修羅に変えてしまう。そんなことをしてはいけない。それがいかに愚かなことかを、よくよく理解することが大事なのだ、と盤珪禅師は繰り返し、繰り返し、説いて聞かしてくださるのです。

「其《その》しかへるときまでは、不生の仏心で居まして、凡夫ではござらぬ。其時生じて、つひちょろりと、凡夫に成ますする」。そのように腹を立てて不生の仏心を修羅の心に変えてしまう。その怒りの心を起こすその時に、ついちょろりと、凡夫になってしまうのだ。

「一切のまよひはかくのごとく、むかふのものにとんぢゃくして、我身のひいきゆへに、仏心を修羅にしかへて、我でにみなまよひます」。一切の迷いはそのように、目で見えるもの、耳に聞こえるもの、鼻に匂うもの。たとえば、満員電車の中で、他の人の嫌な匂いが鼻に入ってきた。そこで腹が立つ。あるいは体に触れるもの。先ほど話した、足を踏んづけられて「こんちくしょう」と思うことなどはみんな、我が身を可愛がるために自分で迷いを作り出しているのだ。何かに惑わされるのではないのだ。自分の身を贔屓するために、自分で迷いを出すのだ、というのが、盤珪禅師が繰り返し説かれるところです。

「むかふのものはいかやうにありとままよ、向ふて貪着せず、我身のひいきをせずして、只仏心のままで居て、余のものにしかへさえせねば、まよひはいつとても出来ませぬ。常住不生の仏心で、日を送るといふものでござる。然れば今日の活仏《いきぼとけ》ではござらぬか。決定《けつじょう》して今日の活仏で尊ひ事で御座る」。このところは非常に大切な教えです、向こうのもの、つまり目で見えるもの、耳で聞こえるもの、鼻に匂うもの、舌で味わうもの、体に触れるもの、それが、どのようなものであろうと、そんなことには取り合わないことです。いかなるものであろうとままよ、どんなものが入ってこようが、聞こえようが匂おうが、どんな感覚をもたらそうが、相手にしないのです。そしてまた、自分自身を過剰に贔屓せずに、仏心のままでいて、腹を立てて修羅にし変えたり、貪着して餓鬼の心にしたり、愚かなことを思い返すことによって畜生の心にしなければ、迷いはいつでも出てこない。

向こうのものに貪着せずに仏心のままでいれば、迷いはいついかなる時も出てくることはないのである。そういう状態で、常に日を送っていれば、不生の仏心で暮らしていると言えるのだ。そういう気持ちで暮らしていれば、今日の生き仏である。そういう人こそが生き仏なのだ。

ですから、修行して努力して生き仏になるのではないのです。本来が仏の心のままなのですから、それを餓鬼や畜生、修羅などの愚かな心に変えることさえしなければいい。それには、自分の目に入るもの、耳に聞こえるもの、鼻でかぐもの、舌で味わうもの、体に触れるもの、心であれこれ思い図る対象に対して、自分自身を過剰に可愛がり贔屓しようとして、過剰反応しないことなのです。本来もって生まれた仏心を、怒りや憎しみなどの良からぬものにしてしまわない。どんなものが現れようと、惑わされない。不生の仏心で暮らすという態度を決定して、これでいいのだとよく理解すること。そうして不生の仏心のままでいれば、迷いというのは起こりようがないのだ。お互い本来は迷いの存在ではなく、悟りの存在なのですから、我が身の贔屓をして迷いを引き起こさなければ、そのままで生き仏の暮らしができるのである。そうした深い教えなのです。

なかなか、すぐにはそうか、と受け入れがたいかもしれませんが、何度も繰り返し聞くうちに、不生の仏心の尊いことがわかってきて、本来の心がいかに素晴らしいかということが、だんだんと身についてまいります。今しばらく、こうして皆さんと一緒に、盤珪禅師の語録を学び続けたいと思っているところです。

第一一講　明徳を求めて難行苦行――その半生（一）

禅師又云、身どもが此会中《えちゅう》に毎日毎日くり返しくり返し同し事ばかりを申は、先に聞人は何度聞ても聞ほど人々たしかにこそなれ、聞て妨げには成ませず。いまだ聞ざる人が、毎日毎日かはり来て、今日はじめて聞衆《きく》が多く、これは其衆のためには、また根本からとっくりといふて聞さねば、成ませぬわひの。中途より聞分は決定《けつじょう》せず、落つひて聞人のために成ませぬ。それゆへに同じ事をくり返しくり返し、毎日毎日申《もうす》事で御座る。不断会中にござる衆は、切々聞ほどたしかに成てよし。又此度の結制《けっせい》に附て、始てござった衆や、又毎日毎日かはりがはりに、今初てござる衆は、もとから聞かねば落つきませぬによって、根元からくりかへしくりかえし、中事で御座るわひの。根本からとっくりときかしゃるれば、よくおちつきまする。さうではござらぬか。

師また曰、今此会中に老若男女貴賤僧俗四衆の弟子、惣じて諸方の旧参、新到の四来の雲衲《うんのう》、多くござる。若《もし》人々悟たとおもふ衆が御座らば、何人によらず、いふて出さしゃれ、身どもが証拠に立てしんじやう。身どもが二十六歳のとき、一切事は不生でととなふといふ事をひょっと思ひ附わきまへましてから、それが人に咄《はな》して見とふござって、あそこへ行爰《ここ》へ行て見ますれども、一切事が不生で調ふといふ事を思ひ附てより、天下に身どもが三寸の舌頭にかかる人がござらなんだわひの。身どもらがわきまへました時分は、明知識がござらなんだか、又ござっても、不縁でお目にかからなんだか、身どもがために、たしかに証拠人に立てくれてがござらいで、いかふ難義をしましたわひの。今其《その》難義をした事を思ひまして、かくのごとくに病者にござれども、悟った人がござらば、其証拠人に立てしんじやうばかりに、大願を起して身命をおしまず、毎日此座へ出まして、皆の衆にあふ事でござるわひの。したほどに、此事をわきまへたとおもふ人がござらば、身どもが前でいはしゃれい。証拠に立てしんじやうわひの。

身どもが年三十のとき、師匠のいはれまするは、此間《このあいだ》長崎へ南院山道者超元《どうしゃちょうげん》禅師といふ、唐僧が渡らせたといふ程に、其方も行てあふたらばよからふとおっしゃりましたによって、長崎へ行支度をいたしましたれば、また師匠のおもしゃるは、其方も今までは十徳《じっとく》ですんだれども、今は唐僧にも相見にゆけば、十徳ではすむまひか、法のためでもある程に、本のころもを著まして、道者禅師にまみへ行て、道者禅師にまみへよといはれましたに附て、始て本のころもを著て長崎へまして、直《じか》に身どもがわきまへました通りを申てござれば、道者一見して則《すなわち》汝此漢生死を超《こえた》りといはれました。其じぶんの知識の中では、まだ道者が此《この》ごとく少ばかり、証拠に立てくれられましたが、今仔細にむかしを思ひますれば、道者も今日十分にはござらぬ。道者もし幸ありて、今までもいきて居られましたならば、よき人にしてやりましょうものを、はやばや死なれまして、不仕あはせで御座る、ざんねんでござるわひの。

師又曰、只今みなの衆は、いかひ仕合な事で御座るわひの。身どもらが若き時分には、明知識がござらなんだが、又ござっても不縁でお目にかかりませなんだが、殊に若き時分からして、身どもはどんにござって、人のしらぬ苦労を仕まして、いかひむだ骨をおりましたわひの。其むだ骨をおりました思ひが忘られず、身にしみましてござるゆへに、こり果て、皆の衆にはむだ骨をおらしませずに、畳の上にて楽々と、法成就させましたさに、精を出して、此やうに毎日毎日出まして、さいそくする事でござるわひの。皆の衆は仕合な事じゃと思はしゃれい。此やうな事がどこにござらふぞひの。身どもが若きじぶんには鈍に有てむだ骨をおりました事を、咄して聞《きか》しましたふはござれども、自然若き衆の内に、身どもがやうに骨をおらねば、法成就する事はならぬ物と思はしゃれて、骨をおらしますれば、身どもが罪でござるによって、咄して聞しましたふはござれども、さりながら、若き衆能々《よくよく》聞しゃれい。身どもがやうにむだ骨をおらいでも法成就しまする程に、かならず盤珪がやうにせいでも、法成就すると思ふて、先そう心得て聞ば、きかしゃれい。それで咄して聞しまする。

身どもが親はもと四国浪人でござって、しかも儒者でござったが、此所に住居いたして、身どもをうみましたが、父には幼少ではなれまして、母が養育でそだちましたが、あんぱくものにて、そこら内の惣ての子供をして、わるひ事仕でござったと、母が咄しました。されども二三歳の時よりも、死ぬるといふ事が嫌ひでござったと申されたが、それゆへ泣ば、人の死んだ時のまねをして見するか、人の死んだ事をいふて聞すればなきやみ、わるき事をも仕止ましたと申す。

漸《ようよう》成人いたして、幼年の頃爰元《ここもと》には儒がいかふはやりまして、身共も師匠どりをして、母が大学の素読をならはせ、大学を読まするとき、大学の道は明徳を明らかにするにありといふ所にいたり、この明徳がすみませひで、疑しくござって、久敷《ひさしく》此明徳を疑ひまして。或とき儒者衆に問ましたは、此明徳といふ物は、いかやうな物ぞ、どのやうなが明徳ぞといふて、問ましてござれば。どの儒者もしりませひで、ある儒者のいひまするは、其やうなむつかしき事は、よく禅僧が知て居る物じゃ程に、禅僧へ行ておとやれ。我らは我家の書で、日夜朝暮、口では文字の道理を説てよくいへども、実に我らは明徳といふものは、どのやうなが明徳といふ物やら、しりませぬといひまして、埒が明ませなんだゆへに、さらばと存じたれども、此許に禅宗は其比《そのころ》ござらずして、聞ふやうもなくて、其とき存たるは、どうがにして、此明徳の埒を明て、年寄ました母にもしらせまして、死なせたひ事かなと存じて、いろいろとあがき廻りて、明徳の埒が明ふかと思ひまして、爰の談儀、かしこの講釈、或はどこに説法があると聞ば、其まま走り行て聞まして、尊ひ事を戻りて、母にいふて聞せ聞せすれども、彼《かの》明徳は埒が明ませぬによって、それから思ひよって、さる禅宗の和尚へ参して明徳の事を問ましたれば、明徳がしりたくば座禅をせよ、明徳がしるる程にと仰られましたによって、それからして、直に座禅にとりかかりまして、あそこな山へ入ては七日も物をたべず、爰な岩ほへ入ては、直にとがった岩の上にきる物を引まくって、直に座をくむが最後、命をうしなふ事をかへり見ず、じねんとこけて落るまで、座をたたずに、食物はたれが持て来てくれふやうもござらねば、幾日も幾日も、食せざる事が、まま多くござった。

それよりして古郷へ帰りまして、庵室をむすびまして、安居して、或は臥さずに、念仏三昧にして居ました事もござって、いろいろとあがき廻って見ましても、彼明徳はそれでも、埒が明ませなんだ。

繰り返しの説法ということ

「禅師又云、身どもが此会中《えちゅう》に毎日毎日くり返しくり返し同し事ばかりを申は、先に聞人は何聞ても聞ほど人々たしかにこそなれ、聞て妨げには成ませず」。盤珪禅師が説法の集まりにおいて、毎日繰り返し説くことは、不生の仏心一つです。人は皆尊い仏様の心をもって生まれています。皆親に産みつけてもらったのは不生の仏心一つである。不生ですから作ったものではない。滅びることはない仏心を持っている。このことだけを繰り返し、繰り返し話をする。すると、前から聞いている人は、何度聞いても、繰り返し聞けば確かになっていく。聞いて邪魔になることはないのだ。

「いまだ聞ざる人が、毎日毎日かはり来て、今日はじめて聞衆《きく》が多く、これは其衆のためには、また根元からとっくりといふて聞さねば、成ませぬわひの。中途より聞分は決定《けつじょう》せず、落つひて聞人のために成ませぬ」。まだ不生の仏心の話を聞いたことがない人が、毎日入れ替わり来る。今日初めて聞くという人も多いのです。その人のためには、一番根源のところをはじめから、よく聞かせてあげなければならない。話の途中から聞いたのでは、安心が決定しない、合点がいかないのです。

「落つひて聞人のために成ませぬ」とありますが、別本には、「落ち着かず、聞人のために成りませぬ」とありますので、それでは落ち着かず聞く人のためにならないと読んだ方がよろしいかと思います。

「それゆへに同じ事をくり返しくり返し、毎日毎日申《もうす》事で御座る。不断会中にござる衆は、切々聞ほどたしかに成てよし」。だから毎日毎日、同じ不生の仏心の話を繰り返す。それで毎日ここに来る人は、繰り返し聞くことで聞くたびに確かになって良いのである。

「又此度の結制《けっせい》に附て、始てござった衆や、又毎日かはりがはりに、今初てござる衆は、もとから聞かねば落つきませぬによって、根元からくりかへしくりかえし、中事で御座るわひの。根本からとっくりときかしゃるれば、よくおちつきまする。さうではござらぬか」。この説法の集まり、修行僧の集まりに多くの人が参列して聞く。そこに初めて参加する人もいて、そうした人が毎日、入れ替わり、立ち替わりいる。そういう人は、最初からきちんと聞かなければ納得することは出来ない。そこで、不生の仏心の一番大事なところを、とっくりと聞けば、それでよく落ち着くのだ。そうではないか。

「師また曰、今此会中に老若男女貴賤僧俗四衆の弟子、惣じて諸方の旧参、新到の四来の雲衲《うんのう》、多くござる。若《もし》人々悟たとおもふ衆が御座らば、何人によらず、いふて出さしゃれ、身どもが証拠に立てしんじやう」。盤珪禅師はまた言われました。今この説法の集まりには、老いも若きも男も女も、坊さんも俗人もいる。四衆というのは、仏教の昔からの教団を構成する比丘《びく》・比丘《びく》尼《に》・優婆塞《うばそく》・優婆夷《うばい》のことを申します。比丘は出家した男性、お坊さん。比丘尼は出家した女性、尼さんです。それから在家の男性の信者を優婆塞、女性の信者を優婆夷と言います。これを合わせて四衆と言います。

あちらこちらの修行道場で修行を重ねてきた旧参の人、それから新しく入門して参じようという修行僧たちがたくさんいる。その中で、誰か悟ったという人がいたならば、ここに出てきて言いなさい。それが本物かどうか、私が証拠に立ちましょう。

「身どもが二十六歳のとき、一切事は不生でととなふといふ事をひょっと思ひ附わきまへましてから、それが人に咄《はな》して見とふござって、あそこへ行爰《ここ》へ行て見ますれども、一切事が不生で調ふといふ事を思ひ附てより、天下に身どもが三寸の舌頭にかかる人がござらなんだわひの」。盤珪禅師はこの後、ご自身の体験を語ってくださるのですが、本当に死ぬのではないかというくらいのところまで、心身を追い詰めて修行しました。その修行の果てに、あるとき梅の花の香りをかいで、ハッと一切は不生で調うと気付いた。何も生ぜず、不生の仏心で調うとわかった。そんな素晴らしいことを人に話してみたくて、そこあそこへ行って話をするけれども、この広い天下に、私のこの説法にかなうような人は一人もいなかった。この不生の仏心の教えに優るものは、どこにもありはしない。これが究極である、と仰せになるのです。

「身どもらがわきまへました時分は、明知識がござらなんだか、又ござっても、不縁でお目にかからなんだか、身どもがために、たしかに証拠人に立てくれてがござらいで、いかふ難義をしましたわひの」。ところが盤珪禅師がこのことに気付いた時には、まだ眼の明らかな知識がいなかった。知識というのは正しい知識をもって私たちを導いてくれる指導者です。そうした知識がまだいなかったのか、あるいはいたけれども、ご縁がなくてお会いできなかったのか、そのために、不生の仏心の悟りで間違いないと証拠に立ってくれる人がいなかったので、ずいぶんと難儀をしたのであると仰るのです。

「今其難義をした事を思ひまして、かくのごとくに病者にござれども、悟った人がござらば、其証拠人に立てしんじやうばかりに、大願を起して身命をおしまず、毎日此座へ出まして、皆の衆にあふ事でござるわひの」。自分は過去にずいぶん苦労したことを思うと、年をとって病気がちであるけれども、不生の仏心に気付いたという人がいるならば、証拠人になってあげよう、太鼓判を押してあげようという大願を起こして、身命を惜しまずに毎日この場に出てくるのである。

「したほどに、此事をわきまへたとおもふ人がござらば、身どもが前でいはしゃれい。証拠に立てしんじゃうわひの」。ですから、この不生の仏心に、なるほどと納得がいったという人がいるならば、自分でそれを言ってください。それで良いかどうか、私が証拠に立ってあげましょう、と言われるのです。

道者超元禅師との出会い

「身どもが年三十のとき、師匠のいはれまするは、此間《このあいだ》長崎へ南院山道者超元《どうしゃちょうげん》禅師といふ、唐僧が渡らせたといふ程に、其方も行てあふたらばよからふとおっしゃりましたによって、長崎へ行支度をいたしましたれば、また師匠のおもしゃるは」。盤珪禅師は、三十歳の時に師匠から言われた。最近、長崎に、南院山道者超元禅師という黄檗宗のお坊さんが、中国からやってこられたというので、あなたもそこへ行って会ったらよかろうと。支度をしていたら、師匠は次のようなことを言われた。

「其方も今までは十徳《じっとく》ですんだれども、今は唐僧にも相見にゆけば、十徳ではすむまひか、法のためでもある程に、本のころもを著て長崎へ行て、道者禅師にまみへよといはれましたに附て、始て本のころもを著まして、道者禅師にまみへまして、直《じか》に身どもがわきまへました通りを申てござれば、道者一見して則《すなわち》汝此漢生死を超《こえた》りといはれました」。その師匠から言われたのは、あなたはこれまで十徳で済んだ。十徳というのは、隠棲している僧や在家の仏道者、文人や医師が着ていた羽織のようなものです。今でも茶道の宗匠がお召しになっています。盤珪禅師もこれまでは十徳を着て在家のような格好だったのでした。つまり盤珪禅師は、姿形にこだわってはいなかったのです。

しかし今、中国から来たお坊さんに会うのだから、在家の格好ではいけない。法のためでもあるから、本当の衣を着てお会いなさいと言われたので、そこで初めて正式な衣を着て道者禅師に会った。そこで盤珪禅師は、自ら悟った不生の仏心をそのとおり申し上げてみると、道者禅師は盤珪禅師を一見して、この人は生死、生まれて死ぬという大問題を超越していると言われたのでした。

「其じぶんの知識の中では、まだ道者が此《この》ごとく少ばかり、証拠に立てくれられましたが、今仔細にむかしを思ひますれば、道者も今日十分にはござらぬ。道者もし幸ありて、今までもいきて居られましたならば、よき人にしてやりましょうものを、はやばや死なれまして、不仕あはせで御座る、ざんねんでござるわひの」。その頃の禅宗のお坊さんたちや指導者の中では、道者禅師はまだましだった。少しばかりは自分のことを理解してくれて、証拠に立ってくれたけれども、今細かに昔のことを思い起こすと、今の自分の心境から見れば、道者禅師も十分ではなかった。道者禅師が幸いにも、今も生きておられたならば、私が不生の仏心のことを説いて聞かせて、もっと良い人にしてあげましたのに、早くに亡くなってしまい、自分の説法を聞くことが出来ずに残念なことだ、と言われる。そういう自信を持っておられたのです。

「師又曰、只今みなの衆は、いかひ仕合な事で御座るわひの。身どもらが若き時分には、明知識がござらなんだが、又ござっても不縁でお目にかかりませなんだが、殊に若き時分からして、身どもはどんにござって、人のしらぬ苦労を仕まして、いかひむだ骨をおりましたわひの」。盤珪禅師がまた言われます。皆の衆は大変幸せなことだ。私が若い時には、このように教えてくれる人、明らかな指導者がいなかったか、いてもご縁がなくてお会いできなかったのか、とくに自分は若い頃、鈍根だったので、人の知らぬ苦労をして無駄骨を折った。

「其むだ骨をおりました思ひが忘られず、身にしみましてござるゆへに、こり果て、皆の衆にはむだ骨をおらしませずに、畳の上にて楽々と、法成就させましたさに、精を出して、此やうに毎日毎日出まして、さいそくする事でござるわひの。皆の衆は仕合な事じゃと思はしゃれい」。自分は苦労したけれども、あなた方にはそんな苦労をさせたくないというのです。自分が無駄骨を折ったことが忘れられず、身にしみている、もう懲りている。皆さんはそんな無駄骨を折らず、畳の上で仏法を聞けばわかるのだ。それでわかってもらいたいために、精を出してこのように毎日説法の座に出て、皆さんに聞いてくださいと説法をする。こんなに幸せなことはないのですよ、と盤珪禅師はお示しです。

「此やうな事がどこにござらふぞひの。身どもが若きじぶんには鈍に有てむだ骨をおりました事を、咄して聞《きか》しましたふはござれども」。こんな幸せなことがどこにあろうか。私が若い頃には鈍根であったので無駄骨を折った。それを話して聞かせたいと思うのだけれども。「自然若き衆の内に、身どもがやうに骨をおらねば、法成就する事はならぬ物と思はしゃれて、骨をおらしますれば、身どもが罪でござるによって、咄して聞しましたふはござれども、さりながら、若き衆能々《よくよく》聞しゃれい」。そこで若い者たちの間では、とくに修行僧たちでありましょうか。盤珪禅師のように骨を折って苦労しなければ、仏法はわからないと思われていた。しかし、骨を折らすようなことをすれば、私の罪になるというのです。同じ苦労をしなければ、などと言って苦労をさせたら自分の罪になるのだ。ですから、話して聞かせたいのだ。だから、皆さんによくよく聞いてほしい。

「身どもがやうにむだ骨をおらいでも法成就しまする程に、かならず盤珪がやうにせいでも、法成就すると思ふて、先そう心得て聞ば、きかしゃれい。それで咄して聞しまする」。私のように苦労をして無駄骨を折らなくても、仏法はきちんと体得できる。成就するのである。必ずしも盤珪禅師の真似をしなくても、仏法は完成するのだから、それを心得てよく聞いてください。話して聞かせます。

明徳とはなにか

ここから、盤珪禅師は自分がどのような苦労をしたかを、話して聞かせてくださるのです。

「身どもが親はもと四国浪人でござって、しかも儒者でござったが、此所に住居いたして、身どもをうみましたが、父には幼少ではなれまして、母が養育でそだちましたが、あんぱくものにて、そこら内の惣ての子供をして、わるひ事仕でござったと、母が咄しました」。盤珪禅師の親は四国の浪人、お医者さんであったとも言われていますが、それが儒学者でもあった。姫路の網干にいらして、そこで私が生まれたのだ。十歳の時に父は亡くなり、お母さんに育てられた。幼い頃からわんぱく者で、近所の子供たちにいたずらをしたり、喧嘩をしたりと、負けん気の強い子だったようです。ずいぶんと悪いこともしたのだとお母さんは話していた。

「されども二三歳の時よりも、死ぬるといふ事が嫌ひでござったと申されたが、それゆへ泣ば、人の死んだ時のまねをして見するか、人の死んだ事をいふて聞すればなきやみ、わるき事をも仕止ましたと申す」。しかしながら、そんなわんぱく者ですが、二つ、三つの頃から、人の死に対して非常に敏感で、死ぬということが恐ろしい。だから泣いて仕方がないようなときにも、死んだ真似をしてみせるか、人が死んだというような話をすれば泣き止んだ。悪いことをしても悪いことをしなくなった。死に対する敏感な恐怖心を持っていた。

「漸《ようよう》成人いたして、幼年の頃爰元《ここもと》には儒がいかふはやりまして、身共も師匠どりをして、母が大学の素読をならはせ、大学を読まするとき、大学の道は明徳を明らかにするにありといふ所にいたり、この明徳がすみませひで、疑しくござって、久敷《ひさしく》此明徳を疑ひまして」。ようやく成人して、といっても二十歳ではありません。十二、三歳の頃でしょう。儒教が大変はやって、盤珪禅師もお母さんがお師匠さんをつけて『大学』の素読を習わせてくれた。それを読んだ時に、冒頭にある「大学の道は明徳を明らかにするにあり」という一節を読んで、この明徳というのは何か。それに疑問を持って、久しく明徳を疑ったのです。

「或とき儒者衆に問ましたは、此明徳といふ物は、いかやうな物ぞ、どのやうなが明徳ぞといふて、問ましてござれば。どの儒者もしりませひで、ある儒者のいひまするは、其やうなむつかしき事は、よく禅僧が知て居る物じゃ程に、禅僧へ行ておとやれ」。ある時儒学者たちに聞いた。明徳とはどういうものですか、と。しかし、どの儒学者もそのことがわかっていない。ある儒者が言うには、そんな難しいことは禅僧が知っているから、禅僧のところへ行って聞くがいい、と言ったというのです。

そう言われて「我らは我家の書で、日夜朝暮、口では文字の道理を説てよくいへども、実に我らは明徳といふものは、どのやうなが明徳といふ物やら、しりませぬといひまして、埒が明ませなんだゆへに、さらばと存じたれども、此許に禅宗は其比《そのころ》ござらずして、聞ふやうもなくて」。儒教の方が言われるには、自分たちは自分たちの書物の上において、毎日、口で文字の道理、言葉の意味を説明して、解釈を説いて聞かせることはするけれども、明徳というものがどういうものか、自分たちもわかっていないのだと言って、埒が明かなかった。そこで禅宗のお坊さんのところへ行こうと思ったけれども、そのころ盤珪禅師の地元には禅宗のお坊さんがいなくて、聞くこともできなかった。

「其とき存たるは、どうがにして、此明徳の埒を明て、年寄ました母にもしらせまして、死なせたひ事かなと存じて、いろいろとあがき廻りて、明徳の埒が明ふかと思ひまして、爰の談儀、かしこの講釈、或はどこに説法があると聞ば、其まま走り行て聞まして、尊ひ事を戻りて、母にいふて聞せ聞せすれども、彼《かの》明徳は埒が明ませぬによって」。そのとき盤珪禅師が思ったのは、なんとかして明徳をはっきりさせて、年老いたお母さんにも聞かせてあげたい、そして安らかに死を迎えさせてあげたいということで、そのためにあがきまわった。どこへ行ったら明徳について明らかな答えが得られるかと思って、こちらで談議があればそこへ行き、あちらに講釈があればそこへ聞きに行き、いろんな所に説法があると聞けば、走って行って聞いて、戻ってきて母親に聞かせるけれども、肝心の明徳については明らかにならなかった。

「それから思ひよって、さる禅宗の和尚へ参して明徳の事を問ましたれば、明徳がしりたくば座禅をせよ、明徳がしる程にと仰られましたによって、それからして、直に座禅にとりかかりまして、あそこな山へ入ては七日も物をたべず、爰な岩ほへ入ては、直にとがった岩の上にきる物を引まくって、直に座をくむが最後、命をうしなふ事をかへり見ず、じねんとこけて落るまで、座をたたずに、食物はたれが持て来てくれふやうもござらねば、幾日も幾日も、食せざる事が、まま多くござった」。それで、ようやくある禅宗の和尚に参じて、明徳はどのようなものかと尋ねると、明徳が知りたければ坐禅しろ、明徳がわかるまで坐禅しろと言われた。そこで坐禅にとりかかった。あそこの山に入っては、七日間もものを食べずに、ここの巌に入っては、直に尖った岩の上に着ていたものを敷いて、坐禅したら最後、自然ところげ落ちるまで座を立たずに坐ったのでした。食べ物は誰かが持ってきてくれるはずもないので、何日も何日も食べずにいることが多くあった。

「それよりして古郷へ帰りまして、庵室をむすびまして、安居して、或は臥さずに、念仏三昧にして居ました事もござって、いろいろとあがき廻って見ましても、彼明徳はそれでも、埒が明ませなんだ」。それから古里に帰って庵を結び、狭い小屋のようなものを作ってそこに籠もり、横にならずに念仏三昧のようなことをしたりして、いろいろあがきまわったが、それでも明徳は明らかにならなかったのである。

その後もさまざまな苦労をなさるのですが、その末に遂に、明徳が明らかになります。同時に、不生の仏心が明らかになるという体験をさらに説いてくださっているのです。この後は次回に読むことにいたします。

第二二講　仏心を覚る――その半生（二）

あまりに身命をおしみませず、五体をこっかにくだきましたほどに、居しきが破れまして、座するにいかふ難儀致したが、其頃は上根《じょうこん》にござって、一日も横寝などは致さなんだ。然れども、居敷が破れていたむゆへ、小杉原を一状づつ取かへて鋪《しい》て座しました。其ごとくにして座しまさねば、中々居敷より血が出いたみまして、座しにくふござって、綿などをしく事もござったわひの。それ程にござれども、一日一夜も終に脇を席に附ませなんだわひの。其数年のつかれが、後に一度に発りて、大病者に成まして、彼《かの》明徳はすみませず、久しう明徳にかかって、骨をおりましたわひの。

それから病気がだんだん次第におもって、身が弱りまして、後には痰《たん》を吐ますれば、おやゆびのかしら程なる血の痰がかたまって、ころりころりとまん丸に成て出ましたが、或とき痰を壁にはきかけて見ましたれば、ころりころりとこけて落る程に、ござったわひの、此とき庵居で養生せよとみな申によって、庵居しまして、僕《しもべ》一人つかふて煩ひ居ましたが、さんざん病気が指つまりて、ひっしりと七日程も、食物が留り、おもゆより外は通りませいで、それゆへもはや死ぬる覚悟をして、思いましたは、はれやれ是非もなき事じゃが、別而残多事《べっしてのこりおおいこと》も外にはなけれども、唯《ただ》平生の願望が成就せずして、死ぬる事かなとばかり思ひ居ました。おりふしにひょっと一切事は、不生でととなふ物を、今まで得しらひて、扨々《さてさて》むだ骨を折た事かなと思ひ居たで、漸《ようよう》と従前の、非をしってござるわひの。

又それから、気色がはっきりとして、よろこばしう成て、食きげんが出来、僕をよびまして、粥をくらふ程にこしらへよと申たれば、今まで死かかって居た人の、不思議な事をいはるると、僕もおもひながら、悦びまして其ままいそぎふためいて、粥をこしらへ、少しなりともはやく喰せうとおもひ、まづ、粥をくはせましたが、まだろくにも煮へませぬ、ぼちつく粥をくはせましたが、かまはず二三椀たべてござれども、あたりも致さず。それより段々快気いたし、今日まで存命居ますする事でござるわひの。

終には願成就いたして、母にもよくわきまへさせ、死なせましたわひの。それより以来天下に身どもが三寸の舌頭にかかるものがござらなんだわひの。其前身どもがあがき廻った時分に知った人が御座って、いふて聞せたらば、むだ骨をおりますまひが、しった人がなかって、いふて聞せてくれてがなさに、久しう骨を折て、身命をこっかにくだきましたゆへに、今に到るまで病者にござって、思ふやうに皆の衆へ十ぶんに出て得逢ませぬわひの。

扨《さて》不生で一切事がととのふといふ事をわきまへましたれば、それが人に咄してみとふござって、誰にあふて是を咄そふと存じて居まする時分、師匠のおもしゃるのは、美濃に愚堂和尚といふ人が有《ある》が、能人じゃといふ。是が証拠にもたたれん程に、愚堂へ行て咄してみたらば、よからふと云れました。それから愚堂の御目にかかりて、咄そふと存て尋て参りてござれば、おりふし江戸へござって、お留守ゆへお咄も申さず。せっかく是まで来て、どなたにも咄さずに、ただむたと帰らふよりはと存、其あたりの和尚方をたづねて、お目にかかりて申まするは、それがしは播州の禅門でござりまするが、和尚の御示しがうけたさに、是まで参てござりまするといひましたれば、則《すなわち》和尚の示しがござったによって、身共もまた推参ながら、お咄しを申上まする。近頃慮外にてござれども、それは御赦されませひ。皆様の御示しを受てかたじけなふ存じて、受ませぬではござらねども、何とやらん履を隔て痒をかくやうに存ぜられ、直にさし附て、かくやうに、ござらひで、此方の骨髄に徹しこたへませぬと申たれば、さすが和尚ほどござって、おもしゃるやうは、いかにもさう有筈じゃ。我らが人に示すといへども、経録の語を覚へて居て、古徳の示しにしたがって、示しの通りに我らも又人に示すぶんで、はづかしけれども、実に悟て示すにてはなし。実に悟らねば我らが示す事は、履を隔てかゆき所をかくがごとく、徹せぬといはるるは尤《もっとも》じゃ。そなたは我をばよく見附、ただ人では有《ある》まいとおもしゃったぶんで、証拠に立てもらふ程の事にも及ばずして、それより故郷へ帰りて、安居閉関をして、時の人の機を観じ、化《け》度《ど》の手立をはかって居まする内に、唐より道者の渡らせて、長崎へおじゃるといふ事をうけ玉はり、師匠の仰によって、道者へ参りて、やうやうと生死を超たといふばかりの、証拠に立てもらふたぶんで、其時分たしかに証拠に立てくれてが、稀にござって難儀しましたわひの。

それゆへ毎日出まして、皆の衆に逢まするは、別の事ではござらぬ。今どなたでもあれ、悟らしゃれた方がござらば、証拠人に立てしんじやうためばかりに、かふして出まするわひの。是に附ても、皆の衆は仕合な事でござる。悟った人がござらば、極てもらふ証拠人に事はかかしゃれぬ程に、此事わきまへたと思ふ人がござらば、出ていはしゃれい。又いまだわきまへた衆がなくば、身どもがいふ事をよく聞て、決定《けつじょう》さしゃれい。

厳しい修行の日々

盤珪禅師という方は『大学』という書物を読んで、その初めのところに「大学の道は明徳を明らかにするにあり」、大学の道というのは明徳を明らかにするものだ、とあるのに対し、ではその明徳というのは何かという疑問を持ちました。当時の儒教の学問をしている先生方に聞いて回るのですが、満足のいく答えは得られませんでした。

その中である人が、そのような難しいことは禅宗のお坊さんが知っているから、禅寺へ行って聞いてみるといいと言った。そこで禅寺を訪ねて聞くのです。すると、明徳を知りたければ坐禅をしろ、という。どれくらい坐禅をすればいいですか。明徳がわかるほど坐禅しろ。こう言われて、盤珪禅師は独自に、山に入って岩の上で倒れるまで坐り続けたり、京都へ上って、五条の橋の下で修行したり、松尾大社という神社の中に入って、七日七晩食事も取らず、体も横にせずにひたすら坐禅したり、あるときは盗人に間違われて、大変な難儀をされたという体験もしておられます。そのような修行ぶりの続きです。

「あまりに身命をおしみませず、五体をこっかにくだきましたほどに、居しきが破れまして、座するにいかふ難儀致したが、其頃は上根《じょうこん》にござって、一日も横寝などは致さなんだ」。不惜身命《ふしゃくしんみょう》という言葉がありますが、あまりにも自分の体を惜しまず、五体をこっかに、「こっかに」とは「こっぴどく」という意味です。自分の体を切り刻むかのように痛めつけて修行した。「居しき」というのは、お尻のことです。お尻が破れて血が出た。そのように坐るのも難儀なほどの状態でしたが、その頃は上根だった。「上根」とは優れた能力のあるものということです。それしきのことでは、くじけない気力があったので、一日も横になって休むということはしなかったのである。

「然れども、居敷が破れていたむゆへ、小杉原を一状づつ取かへて鋪《しい》て座しました。其ごとくにして座しまさねば、中々居敷より血が出いたみまして、座しにくふござって、綿などをしく事もござったわひの」。しかしながら、お尻が破れて血が出て痛む。「小杉原」というのは紙の名前です。薄く柔らかな上質の紙で、播磨の杉原谷でつくられていました。その紙を一枚ずつ取り替えて敷いていた。そうしないと、お尻から血が出て痛むので、坐りにくかったのです。時には綿を敷くこともあったというので、今のように座布団を敷いて坐禅をするのではなく、岩の上や石の上など冷たい所に直に坐ったりというように、苦行のような坐禅をなさっていたのです。

「それ程にござれども、一日一夜も終に脇を席に附ませなんだわひの。其数年のつかれが、後に一度に発りて、大病者に成まして、彼《かの》明徳はすみませず、久しう明徳にかかって、骨をおりましたわひの」。「脇を席に附ける」というのは、体を横にすることを表しています。一日一晩たりとも体を横にするようなことはしなかった。しかし、そんな厳しい修行を自らに課していますと、数年の疲れが一度に起こって、大病人になってしまった。それでも明徳は明らかにならない。長い間、この明徳は何であるかという問題について、自分はずいぶんと骨を折ったのである。

「それから病気がだんだん次第におもって」、だんだんと病気が重くなって、「身が弱りまして」、体もだんだんと弱ってしまった。おそらく肺の病気であろうと思います。「後には痰《たん》を吐ますれば、おやゆびのかしら程なる血の痰がかたまって、ころりころりと」、痰を吐くと、血痰が固まってころりころりと「まん丸に成て出ましたが」、まん丸になって血の痰が出てくる。「或とき痰を壁にはきかけて見ましたれば、ころりころりとこけて落る程に、ござったわひの」。血の痰を壁に吐きかけると、固形のようになっていて、ころころと転がって落ちてくるくらいになった。

「此とき庵居で養生せよとみな申によって」、そのように厳しい修行をしていたら命はないだろう。建物の中に住んで、体を休ませろと周りのものが言うので「庵居しまして」、庵の中で養生するようにした。「僕《しもべ》一人つかふて煩ひ居ましたが」、下僕、身の回りの世話をしてくれる人ひとりを使って養生をしていた。しかし「さんざん病気が指つまりて」、段々と病気が重くなり、「ひっしりと七日程も、食物が留り」、食べ物も喉を通らない。「おもゆより外は通りませいで」、もう硬いものは喉を通らない。重湯しか通らない。「それゆへもはや死ぬる覚悟をして、思いましたは」、もはやこれで死ぬという覚悟をしていたのである。「はれやれ是非もなき事じゃが」、死ぬのは仕方のないことだが、「別而残多事《べっしてのこりおおいこと》も外にはなけれども」、他に思い残すこともないけれども、「唯《ただ》平生の願望が成就せずして、死ぬる事かなとばかり思ひ居ました」。平生の願望というのは、明徳とは何であるか、明徳を明らかにしたいという願いを成就できずに死んでしまうのであるか、と思っていたのです。

不生の仏心を覚る

そんなときであります。実に大悟しました。十二歳の頃から疑問を持ち始めて、ふと気付いたのは二十六歳ですから、十数年に渡って、もはや死ぬのかなと思うほど、死に瀕するまで体を痛めつけた難行苦行の末に気付いたという体験を、盤珪禅師はここで実に簡単に書いているのです。「おりふしにひょっと一切事は、不生でととなふ物を、今まで得しらひて、扨々《さてさて》むだ骨を折た事かなと思ひ居たで、漸《ようよう》と従前の、非をしってござるわひの」。たったこれだけで、簡単に書いているのです。これは別のところでは、梅の香りがふっと鼻についた。その香りをかいでハッと気付いたのだという表現もしています。ひょっと、あらゆることは不生で調う、不生とは何も作りごとをしない、不生の仏心で全て調うのであるということを、今まで知らないで、ずいぶんと無駄骨を折ったものだな、とようやく悟ったのです。何も生じていなかった。不生の仏心ひとつだと気づいたのです。ここで、これまでの過ちを知ったのだというのです。

修行体験で大悟した方の言葉というのは、だいたい同じです。今までなんと無駄骨を折ったのか。または従前の非を知る、今までの間違いがよくわかった、というような表現をなさっております。不生の仏心のままで全ては調うのである。何も作りごとをせず、造作をせずに、そのままで調っているのに、なんと無駄骨を折ったことであるな。今までの修行はみんな無駄であったと気付いた。もちろん、この無駄がなければ気付くという体験もなかったろうと思うのですが、そういう目覚めがあった後、盤珪禅師は体も健康になっていくのです。簡単に書いてありますが、これが盤珪禅師の血の滲むような修行の結果の目覚めです。

「又それから、気色がはっきりとして、よろこばしう成て」、だんだんと元気になっていったのです。「食きげんが出来、僕をよびまして、粥をくらふ程にこしらへよと申たれば、今まで死かかって居た人の、不思議な事をいはるると、僕もおもひながら、悦びまして其ままいそぎふためいて、粥をこしらへ、少しなりともはやく喰せうとおもひ」。食欲が出てきたのです。ふっと気付いてからというもの、もう死ぬというような病人であったのが、食欲が出てきて、身の回りのお世話をしてくれる人を呼んで、お粥を食べようと思うから作ってくださいという。すると頼まれたほうが驚いたのです。いままで死にかかって、何日も食べ物が喉を通らないでいたような人が、突然お粥を食べるというのですから、驚くのも無理もありません。不思議なことを言うものだなと思いながらも、嬉しいことですから、慌てふためいてお粥をこしらえた。

ほんの少しでも早く食べさせようとしたので、「まづ、粥をくはせましたが、まだろくにも煮へませぬ、ぼちつく粥をくはせましたが、かまはず二三椀たべてござれども、あたりも致さず」。あわててお粥を炊いて食べさせたけれども、十分に煮えていなかった。「ぼちつく」というのは、出来上がっていない、火が通っていないような状態のお粥だった。しかしそれにも構わず、食欲が出て食べたいと思うので二、三杯食べた。煮えていないお粥でしたが、食あたりも起こさなかった。「それより段々快気いたし、今日まで存命居ますする事でござるわひの」。それから徐々に体力が戻ってきて、今日までこうして命を永らえているのである。

「終には願成就いたして、母にもよくわきまへさせ、死なせましたわひの」。明徳とは何か、明らかにしたいという願いを成就することができて、自分のお母さんに対しても、明徳とはどういうものかを話してあげて、安心してお見送りすることも出来たのである。盤珪禅師の、この母に対する孝行の気持ちというのは強いものでした。「それより以来天下に身どもが三寸の舌頭にかかるものがござらなんだわひの」。「三寸の舌頭」とは舌先三寸のことです。一切のことは不生で調うということを説いていくと、それにかなうものは天下になかった。

「其前身どもがあがき廻った時分に知った人が御座って、いふて聞せたらば、むだ骨をおりますまひが」。気付く前、自分があがきまわっていたときに、この不生の仏心を悟った人がいて、言って聞かせてくれたならば、こんな無駄骨は折らずに済んだであろうに、というのです。

ところが盤珪禅師の場合は「しった人がなかって、いふて聞せてくれてがなさに、久しう骨を折て、身命をこっかにくだきましたゆへに、今に到るまで病者にござって、思ふやうに皆の衆へ十ぶんに出て得逢ませせぬわひの」。その当時は、そういうことに気付いた人というのは残念ながらいなかった。私に、そんな苦労せずともいいと教えてくれる人がいなかったから、自分は長い間骨を折って、身命をひどく、粉骨砕身、体を砕くように修行したので、今まで病気になってしまったのである。そのように体が弱くなってしまったので、今でも病を引きずっていて、思うように皆さんの前に出て十分に話をするのも難しい。申し訳ないことだ。もし、わかっている人がいて、私に教えてくれたならば、そんな無駄な苦労はしなくてよかったろうに、と盤珪禅師は仰います。

このへんが難しいところでして、本当に聞いただけでいいのか、苦労の体験がなくていいのか。これは、難しいところでしょう。

「扨《さて》不生で一切事がとゝのふといふ事をわきまへましたれば、それが人に咄してみとふござって、誰にあふて是を咄そふと存じて居ますする時分、師匠のおもしゃるのは、美濃に愚堂和尚といふ人が有《ある》が、能人じゃといふ」。さて、この不生の仏心で全ては調うのだとわかってみると、それを人に話してあげたいという思いと、これに間違いがないか証明してもらいたいという思いがあったのでしょう。誰に話したらいいかと思っていたところに、師匠が仰るには、美濃の国に愚堂東寔《ぐどうとうしょく》禅師という優れた方がいる。「是が証拠にもたたれん程に」、愚堂国師という方に会えば、自分が体験したことが間違いがないと、証拠に立ってくれるだろうと思ったのです。「愚堂へ行て咄してみたらば、よからふと云れました」。きっとあなたの心境を証明してくれるであろう。だからそこへ行って話してきたらいい、と言ってくださった。

「それから愚堂の御目にかかりて、咄そふと存て尋て参りてござれば、おりふし江戸へござって、お留守ゆへお咄も申さず。せっかく是まで来て、どなたにも咄さずに、ただむたむたと帰らふよりはと存」。今のように、あらかじめ電話でもして、都合を聞くことができるわけではありません。愚堂国師に話をしようと思って、美濃の国まで歩いて訪ねて行ったのだけれども、残念なことに、ちょうどその時、愚堂国師は江戸に出ておられて留守で、話をすることもできなかった。

しかし、ここまできて誰にも話さずに、無駄に帰るのは残念だと思って、「其あたりの和尚方をたづねて」、これは了堂宗歇《りょうどうそうけつ》、石翁玄需《せきおうげんじゅ》などという禅僧であったろうと言われています。当時その近辺におられた、名の知れた禅僧を訪ねて申し上げた。

ここからは、その頃お目にかかった和尚などに申し上げたところです。「お目にかかりて申まするは、それがしは播州の禅門でござりまするが」、私は播州の禅僧でございますが、「和尚の御示しがうけたさに、是まで参てござるまするといひましたれば」、和尚様のお教えを受けたいと思って、ここまでまいりました。このように申し上げたのです。そこで了堂和尚なりが話をしてくださった。「則《すなわち》和尚の示しがござったによって、身共もまた推参ながら、お咄しを申上まする」。その和尚らの話を聞いて、盤珪禅師は推参、差し出がましいことでございますが、恐縮ではございますが、私の方から申し上げます、と仰った。

なんと言われたかというと、「近頃慮外にてござれども、それは御赦されませひ」。思いのほかのことかもしれませんが、どうかお許しください。「皆様の御示しを受てかたじけなふ存じて、かく受ませぬではござらねども、何とやらん履を隔て痒をかくやうに存ぜられ、直にさし附て、かやうに、ござらひで、此方の骨髄に徹しこたへませぬと申たれば、さすが和尚ほどござって、おもしゃるやうは、いかにもさう有筈じゃ」。盤珪和尚がその頃お目にかかった和尚に申しました。皆様のお示しはかたじけなく、ありがたいお話だと思いました。その尊いお説法を受けないわけではないけれども、しかしながら、あなたのお説法を聞くと、靴を隔ててかゆいところをかく、つまりかゆい所に手が届かないところがある。かゆいのであれば、直に手を届けてかきたいけれども、なにやら隔てているものがあるように思う。こう言われると驚くでしょうね。あなたの話は自分の骨髄に徹してきませんと、こう言ったのです。

普通であれば、「この若造、何を言うか」とお怒りになるのでしょうが、さすが当時名の知れた禅僧です。こう言われた。そう言われるのも、もっともだと。「我らが人に示すといへども、経録の語を覚へて居て、古徳の示しにしたがって、示しの通りに我らも又人に示すぶんで」、私が人に示すというのは、お経や語録にあることを覚え、それを昔の禅僧方が示したとおりに話しているだけなのだ。

「はづかしけれども、実に悟て示すにてはなし」。お恥ずかしい話だが、私自身が自ら悟って、体験したことを話しているのではない。昔の優れた人の言葉をひいて話をしているだけである。「実に悟らねば我らが示す事は、履を隔てかゆき所をかくがごとく、徹せぬといはるるは尤じゃ」。自分が悟らずに、昔の人の言葉で示しているのだから、それは靴を隔ててかゆいところをかくように、徹底したところがないと言われるのはそのとおり、ごもっともでございます。

「そなたは我をばよく見附、ただ人では有《ある》まいとおもしゃったぶんで、証拠に立てもらふ程の事にも及ばずして」。あなたは私のようなものを見つけてくださり、ここまで訪ねてきてくれたけれども、そのようなことを言われるのならば、あなたは只者ではございませんな。そう言ってくださったのですが、しかしながら、盤珪禅師の心境を証明するには及ばない人であった。私が真の悟りにいたっていないということを、よく見届けてくれた。あなたは只者ではない、ということをその頃お目にかかった和尚が盤珪禅師に言われたのです。愚堂国師であれば別であったかもしれませんが、ほかの禅僧では自分の心境の証明に立ってもらうわけにはいかなかった、ということなのでした。

そこで「それより故郷へ帰りて、安居閉関をして」。そうして、残念なことに愚堂国師には、結局お目にかかることはなかったのです。それから故郷に帰って、誰にも会わず閉じこもって坐禅していた。「時の人の機を観じ」、周りの人たちの、その時々に応じて「化度《けど》の手立をはかって居ます る内に」、「化度」とは人を導くことです。教え導くために、自分なりのお説法をしているうちに、「唐より道者の渡らせて、長崎へおじゃるといふ事をうけ玉はり、師匠の仰によって、道者へ参りて、やうやうと生死を超たといふばかりの、証拠に立てもらふたぶんで、其時分たしかに証拠に立てくれてが、稀にござって難儀しましたわひの」。

その頃、唐の国といっても当時は明の国ですが、そこから道者超元というお坊さんが長崎に来ていました。師匠から道者超元という人がいるそうだから、そこへ行ってこいと言われたのです。のちに黄檗宗と言われるのですが、隠元禅師より前にいらっしゃったのが道者超元という方でした。師匠に言われたので道者にお目にかかって、ようやく生死を超えた、生死の問題は片付いた、という証明をしてもらった。当時は、眼の開いた禅僧がなかなかいなくて、自分の心境を確かなものだと認めてくれる人が稀だったので、自分は長い間、難儀したのであると言われています。

自分はそういう苦労をしたので、皆さん方にはそんな苦労はさせたくないので、「それゆへ毎日出まして、皆の衆に逢まするは、別の事ではござらぬ」。こうして皆さんの前でお説法するのは特別のことがあるのではない。「今どなたでもあれ、悟らしゃれた方がござらば、証拠人に立てしんじやうためばかりに、かふして出ますするわひの」。今どなたであれ、不生の仏心を悟ったという人があれば、私の前で言ってみなさい。私がそれを証明してあげよう。そのために自分は毎日、みんなの前に出てくるのだ。こう言われるのです。

「是に附ても、皆の衆は仕合な事でござる。悟った人がござらば、極てもらふ証拠人に事はかかしゃれぬ程に、此事わきまへたと思ふ人がござらば、出ていはしゃれい」。こういうことを思うと、皆さんは幸せなことである。自分で悟った、気付いたという人がいたら、それを見極めてもらう証拠人にこと欠くことはない。それは盤珪禅師が、自分は皆さんの証拠に立ってあげよう、わきまえたという人がいるならば、出てきてそれを言いなさい。

「又いまだわきまへた衆がなくば、身どもがいふ事をよく聞て、決定《けつじょう》さしゃれい」。まだわきまえていないと言うならば、私の言うことをよく聞いてなるほど、仏心は不生にして霊明なものであると、親が産みつけてくれたのは不生の仏心一つ、それはなんの造作、作りごともないものである。そういうことを自分自身でよく納得してほしい。こういうことをよく聞いて、決定すればいいのだ。自分のように苦労することはない。そう示されたのが盤珪禅師の立場なのでした。

しかしこの問題は大変難しゅうございまして、そういう苦労の体験があったからこそ、盤珪禅師のような人格が出来上がったとも言えましょう。でも盤珪禅師は、皆にはそのような苦労はすることはないと、話を聞けばわかるのだと言われたのです。このあたりの問題はなかなか難しいことです。

しかしながら、盤珪禅師はご自分がそういう体験をして、生涯をかけて説き続けられた。それは素晴らしい、尊いことであります。私たちもその教えを聞いて、そして坐禅をするということは実に素晴らしいこと、間違いのない道であると思って、盤珪禅師の語録を学び続けているところです。

今日のところは、ここまでにしておきます。

第一三講　全ては不生の仏心で調う

人々皆おやのうみ附てたもったは、仏心ひとつでござる。其仏心は不生にして、霊明なものに極りました。不生な物なれば、不滅なものとはいふに及ばぬゆへに、身どもは不滅とも申さぬ。仏心は不生なが仏心で、一切事は不生の仏心で調ひまするわひの。三世の諸仏歴代の祖師といふも、皆生じた跡の名なれば、不生の場からは、第二第三、とっと末な事じゃわひの。不生で居れば、仏祖の根本で居るといふ物じゃわひの。人々仏心は不生なものと、決定《けつじょう》して居る人は其《その》居る所を人はしらず、仏祖にもしらさず、仏祖も不識じゃわひの。是をよく決定さへさしゃるれば、畳の上で骨をもおらず、心やすふ活如来《いきにょらい》で、ござるといふものじゃわひの。

決定すれば其決定した場より、人を見る眼《まなこ》がひらけて見へまするわひの。身どもは終に人を見そこなひはしませぬ。不生な眼は誰でもおなじ事でござる。それで我宗をば明眼宗《みょうげんしゅう》と申すわひの。又決定すれば、親のうみ附てたもった不生の仏心で居るゆへに、我宗をまた仏心宗といひまするわひの。人を見る眼がひらけて、人の心肝が見ゆるならば、法成就したと思はしゃれい。其ときが法成就した場じゃほどに、身どもが只今いふ事を決定せぬ人は、身どもがみなの衆をいひくらまするやうに、当分はおもはしゃれて、うけがはぬ人もござらふけれども、爰《ここ》をさって以後、身どもがいふた事を誰でもあれ、決定さっしゃれた日がござらば、其日其時其場を立ずして、其場より人の心肝が見えませう程に、其とき身どもがみなの衆をいいくらまさなんだ事を、はじめてしらしゃれふぞひの。其以後のために、只今精を出して置ますするわひの。

身どもがうそをついて、みなの衆をだましますれば、妄語のとがによって、死でのちに、身どもは舌をぬかれますするわひの。身どもが抜舌にかへて、みなの衆をいいくらましましょうかひの。此不生の正法《しょうぼう》が日本にも唐にも、年久しく世にたへすたれてござったが、今日また二たび此やうに、世におこりましたわひの。不生にして霊明なが仏心にきはまったといふ事を決定すれば、千万人のひと、乃至《ないし》天下の人がよりあつまって、口をそろへて、烏《からす》を鷺《さぎ》といひくらますとも、からすはそめずして黒く、さぎはそめずして白き物といふ事は、不断見つけて能《よく》しって居れば、何ほど人がいひくらましょうとするとも、いひくらまされぬやうに、たしかになりますするわひの。まづそのやうに不生にして霊明なものが仏心、仏心は不生にして、一切事がととなふといふ事さへ、人々たしかに決定してしって居れば、もはや人には教壊せられず、いひくらまされず、人のまどひをうけぬやうになれますわひの。そのごとくになった人を、決定した人といひて、すなはち今日不生の人で、みらい永劫のいきにょらいでござるわひの。

身どもがわかきじぶん、はじめて此不生の正法をとき出したころは、みな人が得しらひで、身どもを外道《げどう》か、切支たんのやうに思ひまして、人がおそろしがって、一人もより附ませなんだ。次第にみな人々身の上の非をしりまして、正法じゃといふ事を能々《よくよく》ぞんじて、只今はいにしへ一人よりつかなんだにかはって、あまりまた人がたづね来過て、身どもをせぶらかし、せがんであひたがって、やすらかに一日も身どもを置ぬやうになりましたわひの。物は時節が有《ある》ものでござるわひの。身どもが爰《ここ》もとに住してより、四十年来よりより人に示しを致すゆへに、此辺には善知識まさりなものが、多く出来ましたわひの。

一切は不生の仏心で

今回は、「人々皆おやのうみ附てたもったは、仏心ひとつでござる」という、盤珪禅師が常に言われていた言葉からです。「人々皆おやのうみ附てたもったは、仏心ひとつでござる」。この通りです。私たちが親から産んでもらったものは、尊い仏心一つ、これだけである。短気だのというのは後から身についたもので、生まれついたのは仏心一つであります。

「其仏心は不生にして、霊明なものに極りました」。その仏心というものは、修行などによって作られたものではないのです。何かの縁によって生じたものでもない。不生ですから不滅です。

生じることもなく滅することもない、霊明な素晴らしいものである。何かの条件によって作られたものであれば、やがて滅びてなくなるということがありますが、不生ですから「不生な物なれば、不滅なものとはいふに及ばぬゆへに、身どもは不滅とも申さぬ」と盤珪禅師は仰います。不生とさえ言っておけば、不滅であるのは当然だから、言うに及ばないのだ。そこで盤珪禅師は「不滅」という言い方はしないのです。

「不生不滅」という表現があります。私たちは不滅と言われた方がわかりやすく感じ、永遠不滅であるなどと言います。しかし根本を考えれば、生じたものでなければ、滅する道理はない。ですから、初めからあるもの、そういう表現をしてしまうと、ある始まりということを考えてしまいますが、始めもなく終わりもないものが、ずっとあり続けている。それが仏心である。不生であるから不滅とは言わないのです。

「仏心は不生ながが仏心で、一切事は不生の仏心で調ひまするわひの」。盤珪禅師はお若い日に、明徳とは何かということを、ずっとひたすら追究して、ある時に一切のことは不生で調うと気付いた。この不生の仏心ということで、全ての問題は片がつくのだ。一切が調うのだ、いや、すでに調っているのである。不生なのが仏心である、仏心は不生である。生じることも滅することもないのが仏心である。そのことに目覚めさえすれば、全てのことは調うのである。

「三世の諸仏歴代の祖師といふも、皆生じた跡の名なれば、不生の場からは、第二第三、とっと末な事じゃわひの」。これは鋭い言葉であります。「三世」は過去、現在、未来。この諸々の御仏たち、あるいは歴代の祖師方。達磨さま、臨済禅師、白隠禅師、それぞれの祖師方。白隠禅師はこの頃はまだおられませんが、盤珪禅師もそのお一人でございましょう。その祖師たちもみんな、お釈迦さまといえども、紀元前五世紀にインドにお生まれになり、その後につけた名前である。達磨さまも紀元五世紀から六世紀にかけて活躍された方で、達磨というのも後に生じた名前です。

しかし不生の仏心は、そんな後に生じたものではない。不生の仏心から見れば、三世の諸仏や歴代の祖師、臨済宗だの禅などという名前は第二義だ。第一義は不生の仏心であって、それから比べれば、そんなことは実に末のことである。

普通に言えば、三世の諸仏というのは尊いもので礼拝の対象であり、祖師とは私たちがお手本とすべきものです。しかし盤珪禅師はそういうものも仏心を悟るというところから見れば、第二義、第三着の枝葉末節のことだと言うのです。

「不生で居れば、仏祖の根本で居るといふ物じゃわひの」。不生の仏心でいるということが、仏さまや祖師方の大元である。その根本にいることなのだと説かれるのです。不生の仏心にいさえすれば、三世の諸仏や祖師方の根本にいるということなのです。

「人々仏心は不生なものと、決定《けつじょう》して居る人は其居る所を人はしらず、仏祖にもしらさず、仏祖も不識じゃわひの」。不生の仏心には色も形もありません。いつ生じたとも、いつ滅するというものでもない。その不生の仏心を、我々は銘々、親に産みつけてもらっている。親に産みつけてもらったのは不生の仏心一つであると決定している人、仏心に目覚めている人、仏心で暮らしている人の世界は、世間の人にはわかるはずもない。世間の人が、世間の価値判断で推し量れるものではない。

それだけではなく、仏さまや祖師方といえども「不識」だ。どんな仏さまも祖師方も理解することはできない、というのが銘々の不生の仏心の尊さである。不生の仏心に目覚めている人の境涯、心境というのは、仏さまや祖師方でもうかがい知れないものである。

「是をよく決定さへさしゃるれば、畳の上で骨をもおらず、心やすふ活如来《いきにょらい》で、ござるといふものじゃわひの」。不生の仏心の尊さを体得して、まことにその通りであると合点できたならば、畳の上でこの話を聞いているだけで、心安く生きたままの如来である。盤珪禅師は大変な苦行の結果、不生の仏心に目覚めたのですが、自分が教える人に向かって、そんな苦労はいらない、この話を聞いて納得すれば、生き如来である、と言うのです。

智慧と慈悲の仏心

「決定すれば其決定した場より、人を見る眼《まなこ》がひらけて見へまするわひの」。なるほどその通りだと納得することができたならば、その場から、人を見る眼が開けてくる。これは大事なところです。仏心というものは生じたものではなく、何らかの努力や修行によって作り上げられたものではない。本来具わっているものである。それに目覚めるということは、同時に人を見る眼が開けるということだ。これは智慧の眼であると言ってもよろしいかと思います。智慧というものが同時に開けるのである。

定慧不二《じょうえふに》、禅定と智慧は一つであると言います。仏心はそのままで智慧の働きを持っているのです。だから、あらためて智慧というものを身につけようとか、慈悲をはたらかせていこうとか考えなくてもいい。盤珪禅師としてみれば、仏心に目覚めさえすれば、ちゃんと智慧の眼が開け、慈悲の心もはたらくと言うのです。仏心というものは、説明をすると仏心そのものから離れてしまうのですが、智慧と慈悲との二つが具わるといいましょうか、仏心が智慧としてはたらき、仏心がはたらく時は慈悲としてはたらいていくのです。

そこで盤珪禅師は「身どもは終に人を見そこなひはしませぬ」。自分は人を見る眼が確かであると言います。人だけでなく、社会も見通すことができたのでしょう。仏さまの智慧を一切智と申します。一切を知ることというのが、慈悲の究極です。

「不生な眼は誰でもおなじ事でござる」。不生の仏心に目覚めて、きちっと人を見定めることができるというのは、誰でも同じことだ。「それで我宗をば明眼宗《みょうげんしゅう》と申すわひの」。明眼宗というのは、いつ頃から言われていたのか、どんな人たちが言われていたのか、私も存じませんが、仏心というもののはたらきによって智慧の眼を開くことができるので、明眼宗ともいうのです。

「又決定すれば、親のうみ附てたもった不生の仏心で居るゆへに、我宗をまた仏心宗といひまするわひの」。そのことに納得がいけば、親が産みつけてくださった仏心で暮らしていくことができる。そこで盤珪禅師は自分の教えを仏心宗というのである。これは前にも出てきましたが、盤珪禅師はさらに明眼宗といい、智慧の眼がその時に開けるのだと説いてくださっています。ここは注目すべきところでありましょう。仏心に目覚めるということは、同時に智慧のはたらきが具わるということなのです。

「人を見る眼がひらけて、人の心肝が見ゆるならば、法成就したと思はしゃれい」。本当に仏心というものに目覚めたならば、ちゃんと人を見る眼が開ける。人の心の奥底まで見通すことができる。これが仏心に目覚めた、仏法が成就したことになると言われているのです。

「其ときが法成就した場じゃほどに、身どもが只今いふ事を決定せぬ人は、身どもがみなの衆をいひくらますやうに、当分はおもはしゃれて、うけがはぬ人もござらふけれども」。人を見る眼が開けた時、つまり法が成就した時、親が産みつけてくださったのは仏心一つであると決定した時、その時、人を見る眼が開ける。これらは盤珪禅師にとっては一つなのです。

しかしながら、私が今こうして言うことに納得ができない人は、私がみんなにいい加減なことを言ってたぶらかしているように、しばらくの間は思い、私の説を受け取ることができない、と言う人もいるだろうけれども。

「爰《ここ》をさって以後、身どもがいふた事を誰でもあれ、決定さっしゃれた日がござらば、其日其時其場を立ずして、其場より人の心肝が見えませう程に、其とき身どもがみなの衆をいいくらまさなんだ事を、はじめてしらしゃれふぞひの」。この後、私が言ったことを誰であろうと、不生の仏心一つであると納得する日があれば、その時、その場から、どんな人の心も透けて見えるようになる。その時に、私が皆さん方をたぶらかしたのではなかったということが、初めてわかるであろう。

ここのところも、仏心に目覚めることと、智慧の眼が開けて人の心肝が見えるということが、同時なのです。「ああ、仏心一つだ」と目覚めると、時を経ずして、智慧がその場からはたらくことができるのである、と盤珪禅師は説かれているのです。

「其以後のために、只今精を出して置まするわひの」。そのように目覚めることができるように、いま精を出しているのである。

不生の正法に決定する

「身どもがうそをついて、みなの衆をだましますれば、妄語のとがによって、死でのちに、身どもは舌をぬかれまするわひの」。もし私が嘘をつき、皆さんを騙すようなことをしていれば、嘘を口にした咎によって私は地獄に落ちて舌を抜かれることであろう。「妄語」とは嘘のことで、仏教の中でも重い戒です。不妄語は、嘘いつわりを言わないということです。

「身どもが抜舌にかへて、みなの衆をいいくらましましょうかひの」。舌を抜かれるような苦しみを受けてまで、皆さんに嘘を言ってたぶらかすようなことをするだろうか。するはずはない。

「此不生の正法《しょうぼう》が日本にも唐にも、年久しく世にたへすたれてござったが、今日また二たび此やうに、世におこりましたわひの」。この不生の仏心を説くということが日本だけでなく、中国でも廃れていた。今日再び、お釈迦さまが悟られたことと同じ盤珪禅師の教えが興ったのです。禅の歴史から見れば、馬祖道一禅師、黄檗希運禅師、臨済義玄禅師というような方々が説かれたことと軌を一にしているように思うのですが、それが今日再び、このように日本の国において興ったのである。

「不生にして霊明なが仏心にきはまったといふ事を決定すれば」、仏心は不生で、これほど尊いことはないのだと合点できたならば。「千万人のひと、乃至《ないし》天下の人がよりあつまって、口をそろへて、烏《からす》を鷺《さぎ》といひくらますとも、からすはそめずして黒く、さぎはそめずして白き物といふ事は、不断見つけて能《よく》しって居れば、何ほど人がいひくらましょうとするとも、いひくらまされぬやうに、たしかになりますするわひの」。この不生の仏心、仏心は不生にして霊明なものであると気付いたならば、たとえ千人万人の人、天下の人が集まって口を揃えて烏を鷺だと言ったとしても、烏は染めたから黒くなったのではなく最初から黒い、鷺は白く染めたのではなく最初から白い、ということを普段からよく知っているので騙されない。はっきりと自分の目で烏は黒い、鷺は白いと見ているから、千万人の人が烏は白いといったところで、たぶらかされることはない。それほどに仏心が明らかになったならば、世間の人にたぶらかされることはない。これ以上確かなものはないということになるのだ。こういうことを盤珪禅師は説くのです。

「まづそのやうに不生にして霊明なものが仏心、仏心は不生にして、一切事がととなふといふ事さへ、人々たしかに決定してしって居れば、もはや人には教壊せられず、いひくらまされず、人のまどひをうけぬやうになれますわひの」。この一点張りです。仏心は不生にして霊明なものである。そのことが納得できれば、あらゆることが調うのだ。それさえ確かに納得して知っていれば、世間の人の言葉に振り回されることはない。

「教壊す」というのは、さまざまな概念や知識を植え付けられることによって、かえって生まれ持った尊いものを損なってしまうことを言います。教えるということは尊いのですが、しかしながら、いろんな悪い意味の知恵をつけることで、かえって本来の尊さを失ってしまう。「生まれ子の次第次第に知恵つきて仏に遠くなるぞ悲しき」という道歌がありますが、教えられることによって、悪い意味でさまざまな概念や思惑を植え付けられてしまうということです。

しかし、そういうことはもうないのだ。これを臨済禅師は「人惑を受けざれ」と言いました。人の言葉にたぶらかされるな、振り回されるなと説かれているのです。人の言葉に左右されず、惑わされぬようになるのだ。仏心一つに納得がいけば、そのようになれるのだ。

「そのごとくになった人を、決定した人といひて、すなはち今日不生の人で、みらい永劫のいきにょらいでござるわひの」。そのように納得できた人、決定した人、不退転《ふたいてん》の不生の仏心に目覚めた人というのは、未来永劫、生きたままの仏である。盤珪禅師はそこまで説かれるのです。

「身どもがわかきじぶん、はじめて此不生の正法をとき出したころは、みな人が得しらひで、身どもを外道《げどう》か、切支たんのやうに思ひまして、人がおそろしがって、一人もより附ませなんだ」。盤珪禅師も不生の仏心を説き始めた頃は、誰もそれを知らなかったので、と言います。当時どれほど広く、禅の教えが一般の人に説かれていたのかはわかりませんが、なかなか禅というのは理解しにくかっただろうと思います。しかし、盤珪禅師は平易な言葉で、不生の仏心を最初から産みつけてもらっているのだ、そのことに決定すれば、それで大安心だと説きました。

そんなことは、みんな聞いたことがないので、外道だと思われた。「外道」は元来は、仏教以外の哲学や思想を言いました。そんなに悪い意味ではありません。臨済宗だの仏教や禅だのとは、誰も思わない。またはキリシタンではなかろうかと思う。天にまします神というものを、不生の仏心と言って説いているのではなかろうか、あれはキリシタンではなかろうかと疑われたというのです。キリシタンは江戸時代では禁じられていましたから、恐ろしがって誰も近づかなかった。

しかしながら、盤珪禅師は徳もあったのでしょう。「次第にみな人々身の上の非をしりまして」、だんだんと皆、盤珪禅師が説かれていることはおかしなことではない、正しい教えだとよくよくわかってきて、「正法じゃといふ事を能々《よくよく》ぞんじて、只今はいにしへ一人よりつかなんだにかはって」、一人も寄り付かなかった頃とは今は違って「あまりまた人がたづね来過て」、人が多く来すぎるようになって、「身どもをせぶらかし」、私に教えを説いてくださいとせがんで、「せがんであひたがって、やすらかに一日も身どもを置ぬやうになりましたわひの」。誰にも会わず、説法もせずに過ごす日などは一日もないようになった。皆様方が、不生の仏心の教えを説いてくださいと、言われるようになったのである。
「物は時節が有《ある》ものでござるわひの」。ものごとには時節因縁というものがある。目覚めるということもそうでしょう。なかなかいっぺんに目覚めるというのでもないと思います。樹木に果物がなり、自然と熟して落ちるということがあろうかと思います。それを無理やり落とそうとしてひっぱたいても、良い結果にはなりません。ちゃんと自然と落ちる、時節というものがあります。夏になれば夏の、冬になれば冬の野菜ができる。

日々怠ることのない勤めがあって、そうして時が来て、気が付くということがあるのです。説法にしてもそうです。一生懸命説いていても、見向きもされないということもあるでしょう。それでも怠ることなく、一生懸命説いていれば、やがて多くの人たちがやってくる時がある。そういう時節がある。その時は待たなくてはなりません。

「身どもが爰《ここ》もとに住してより、四十年来よりより人に示しを致すゆへに、此辺には善知識まさりなものが、多く出来ましたわひの」。自分はここに四十年ほどいるが、こうして教えを示すから、このあたりには善知識が多く出てきた。「善知識」はすぐれた仏教の指導ができる知識を持っている人です。盤珪禅師の言葉を借りれば、不生の仏心で決定しているような人が、多く出てきたのである。こういうふうに説かれているのです。

ここのところで、盤珪禅師の『盤珪仏智弘済禅師御示聞書《ばんけいぶっちこうさいぜんじ》』上巻が終わります。なかなか長い文章でしたけれども、毎月少しずつ読んでまいりまして、こうして上巻を終えることができました。

上巻を読んだだけでも、盤珪禅師が説いていることは十分にご理解いただけるのでございます。なかなか、十何回聞いたからといって、「ああ、不生の仏心であるとは、そう簡単には思えない」という人も多いと思います。

それでも繰り返し、繰り返し聞いて、それぞれ坐禅するなり、自分なりの修行をしているうちに、こうして聞いていたことが、ある時ふっと、「ああ、なるほど、そうであった」と納得できる日が、きっと来るのだと思います。

それが時節というものでございまして、やがて目覚めることのできる時節というのが、みんな必ず訪れるはずでございます。その時を信じて、また日々を努めてまいりたいと思うのです。

盤珪禅師は苦労しなくていいと説かれたのですが、どうでしょうか。やはりある程度の修練、修行というものは必要だろうと、私は思っております。ですから日々、坐禅をするなり、それぞれのお仕事に一生懸命励むなり、人のために尽くそうという気持ちを起こすなり、――盤珪禅師はそれを「造作なことでござるわいの」と言われるかもしれませんが、そういうものの積み重ねも、時節が来るまでは必要ではないかな、と私は思っているのです。

そういう積み重ねの上に、「ああ、なるほど不生の仏心一つで一切が調うのでござるわいの」と納得できる日が来ると思っているのです。

特講　盤珪禅師と公案

細川晋輔

公案を用いた盤珪

盤珪永琢（一六二二〜一六九三）（以下盤珪）は、自身の厳しい修行体験を振り返って「ひょっと、一切の事は不生で調う物を、今日まで知らいで、さてむだ骨を折った事哉、と思ひつきまして、漸と前よりの非を知って御座るわいの」（『盤珪仏智弘済禅師御示聞書』）と述べているように、悟りの見地に立てば、厳しい修行は不要であるとの主張を有していたことは明確である。しかも、在家信者のみならず、弟子である修行僧に対してまで同趣旨の説示をしていたとされるから驚きである。そんなことから、弟子達が育たず、不生禅という禅風が途絶えたのは、盤珪自身の指導力不足であると評されることもあるが、本論ではそれを真っ向から否定したい。

盤珪には仮名法語や語録が多く残されているが、それらを見ると、間違いなく弟子の僧侶達に対して、厳しい指導を行なっていたことが見て取れる。盤珪は大洲如法寺の奥旨軒《おうしけん》（山頂にある十畳くらいの小屋のこと。現、開山堂。）に有能な弟子を選りすぐり、刻苦参究させていた。「不生禅」を唱え、「不生で一切事がととのう」（『盤珪仏智弘済禅師御示聞書』）としていながらも、少人数の優秀な弟子達のみを集め、世俗と関係を絶ち、長期間にわたり厳しい修行を課していたのである。

中でも最も注目すべきは、公案を「古ぼうぐ」（『盤珪仏智弘済禅師御示聞書』）として禅の修行には不必要なものとしている盤珪が、学人接化に公案を用いていたことである。

まず初めに以下の資料を参照し、盤珪が行なった弟子に対する厳しい指導と、その時に用いた公案について考察したい。

○是歳、師在如法。闢榛莽、攀葛藟、登寺之上頭数百歩。層巒屏立、蒼翠如畳。顧曰、此所可廬。何其深邃幽僻、愜意也。乃命工、構数間草庵、扁以奥旨。深鎖扃扉、不許学侶諮叩。寂寞自適。有挙揚奥旨不開口。庭際寒梅撲鼻香之句。

この歳《とし》、師《し》、如法《にょほう》に在《あ》り。榛莽《しんぼう》を闢《ひら》き、葛藟《かつるい》を攀《よ》ぢ、寺《てら》の上頭数百歩《じょうとうすうひゃくほ》に登《のぼ》る。層巒屏立《そうらんびょうりつ》し、蒼翠畳《そうすいたた》むが如《ごと》し。顧《かえり》みて曰《いわ》く、「此《こ》の処《ところ》 廬《いおり》すべし。何《なん》ぞ其《そ》れ深邃幽僻《しんすいゆうへき》の意《い》に愜《かな》うや」と。乃《すなわ》ち工《こう》に命《めい》じ、数間《すうけん》の草庵《そうあん》を構《かま》え、扁《へん》するに奥旨《おうし》を以《もっ》てす。深《ふか》く扃扉《けいひ》を鎖《さ》して、学侶《がくりょ》の諮叩《しこう》を許《ゆる》さず。

寂寞自適《せきばくじてき》す。「奥旨《おうし》を挙揚《こよう》するに口《くち》を開《ひら》かず。庭際《ていさい》の寒梅鼻《かんばいはな》を撲《う》って香《かんば》し」の句有《くあ》り。

＊榛莽＝雑木や雑草のしげっているところ。やぶ。くさむら。＊葛藟＝くず類のつる草。＊層巒＝山が深いこと。＊幽僻＝奥深くかたよった所。＊寂寞＝ひっそりしてものさびしいさま。＊蒼翠＝あおみどりの名　＊挙揚＝宗旨を宣揚すること。

（『大法正眼国師行業曲記』）

○先是、室中挙飛猿嶺之話。勘験学者。令衆下語、不契。衆如喪考妣。且激向時不逮也。其出入巻舒。為人大約如斯。

　これより先《さき》、室中《しっちゅう》に「飛猿嶺《ひえんれい》の話《わ》」を挙《こ》して、学者《がくしゃ》を勘験《かんけん》す。衆《しゅ》をして下語《あぎょ》せしむるも、契《かな》わず。衆《しゅ》は考妣《こうひ》を喪《うしな》うが如《ごと》し。且《か》つ向時《こうじ》の不逮《ふたい》を激《げき》すとなり。其《そ》の出入巻舒《しゅつにゅうけんじょ》、人《ひと》の為《ため》にすること大約《たいやく》斯《か》くの如《ごと》し。

＊下語＝古則公案に対して自己の見解を示すために下す語。＊考妣＝父と母のこと。＊不逮＝行き届かないこと。＊出入巻舒＝修行者を教導する手だて。＊大約＝おおよそ。大略

（『大法正眼国師行業曲記』）

○先是、室中挙雪峰辞洞山之話。勘験学者。一衆下語、悉皆不契。時山頭数千指。如喪考妣。且

奥旨謝徒、激向時之不逮也。其出入巻舒、為人、所在皆然。経六七朔、以衆固請復出。

これより先《さき》、室中《しっちゅう》に「雪峰《せっぽう》、洞山《とうざん》を辞《じ》するの話《わ》」を挙《こ》し、学者《がくしゃ》を勘験《かんけん》す。一衆下語《いっしゅあぎょ》すれども、悉《ことごと》く皆契《みなかな》わず。時《とき》に山頭数千指《さんとうすうせんし》、考妣《こうひ》を喪《そう》するが如《ごと》し。且《か》つ奥旨《おうし》に徒《と》を謝《しゃ》するは、向時《こうじ》の不逮《ふたい》を激《げき》すとなり。其《そ》の出入巻舒《しゅつにゅうけんじょ》、人《ひと》の為《ため》にすること、所在皆然《しょざいみなしか》り。六七朔《ろくしちさく》を経《へ》て、衆《しゅ》の固《かた》く請《しょう》するを以《もっ》て復《ま》た出《い》づ。

＊六七朔＝六、七ヶ月

（『盤珪和尚行業記』）

○又明年冬、告衆曰、日間参請転転多、応接不遑。恐以泛濫失其英霊。若抜其尤者、他自激励相傚也。遂帥二十余輩宿衲、復入奥旨、杜門絶外請、刻苦参究。一冬無就臥単者。於是乎、噴地一発者、不為不多也。

又明年《またみょうねん》の冬《ふゆ》、衆《しゅ》に告《つ》げて曰《いわ》く、「日間参請転転多《にっかんさんしょうてんでんおお》く、応接《おうせつ》するに遑《いとま》あらず。恐《おそ》るらくは泛濫《はんらん》を以《もっ》てその英霊《えいれい》を失《しっ》せんことを。若《も》しその尤《もっとも》しき者《もの》を抜《ぬ》かば、他《かれ》は自《みずか》ら激励《げきれい》して相傚《あいなら》わんとするなり」と。遂《つい》に二十余輩《にじゅうよはい》の宿衲《しゅくのう》を帥《ひき》いて復《ま》た奥旨《おうし》に入《はい》り、門《もん》を杜《と》じ外請《がいしょう》を絶《た》ち、刻苦参究《こっくさんきゅう》せしむ。一冬臥単《いっとうがたん》に就《つ》く者無《ものな》し。是《ここ》に於《お》て、噴地一発《ふんちいっぱつ》する者《もの》、多《おお》からずと為《な》さず。

＊転転＝だんだん。ますます。＊泛濫＝広くあふれること。＊無就臥単者＝単の上に臥して眠る者のないこと。昼夜坐禅弁道に励んでいること。＊噴地一発＝省悟して発する声のこと。

（『盤珪和尚行業記』）

年譜によれば寛文十一（一六七〇）年、盤珪四十九歳の時の話である。盤珪が教導する手段に用い、弟子達に下語させていた公案「飛猿嶺の話、雪峰洞山を辞するの話」（『五灯会元』）は、次のようなものである。

「雪峰《せっぽう》義《ぎ》存《そん》（八二二～九〇八）が洞山良价《とうざんりょうかい》（八〇七～八六九）の下を辞して、飛猿嶺を通り旧住処へ帰ろうとしたとき、洞山から『本来嶺を出ぬもの（本具真性）を識るや』と問われ、雪峰は『不識』と答えて、その本具の真性が相対的認識の関するものではないことを示した。さらに洞山から『しらぬならば対象的存在でないこともしらぬはず』と問い詰められると、雪峰は只沈黙をもって答えたという」。これは、嶺の出入に托して本来無識無作の禅旨を宣揚した公案とされる。

『盤珪禅師遺芳』（禅文化研究所）などを見ると、雲門や趙州・雪峰など唐代の祖師に纏わる公案や話頭に関する墨蹟が多く残されていることが確認でき、盤珪の公案への認識を示す実資料といえよう。

また、如法寺には、加藤公に向けられた書簡の中に、『碧巌録』に収められている公案の見解（答え）ともとれる内容も残されている。盤珪は古則公案を「古ぼうぐ」として不要なものと見なしているが、生涯にわたり全く用いなかったわけではなく、むしろ積極的に公案を用いて指導していたとも考えられるのである。

加藤正俊は「機会ある毎に公案の効果を確かめつつ、次第にゆるぎのない自信を以て平語（平易な言葉）で法を説き示されるようになったのだと思いたい」（『盤珪禅師遺芳』禅文化研究所）と述べている。盤珪が年齢を重ねるとともに、公案に対しての認識がどのように変化していったかはとても重要なことであり、今後の課題としたい。

大疑団をめぐって

次に、日本臨済禅中興の祖とされる白隠慧鶴（一六八五〜一七六八）（以下白隠）と比較して、盤珪の公案に対する思想を考察したい。

白隠は、公案を「向上の玄関鎖」として、大悟に到るために必要不可欠なものとして位置づけていた。そのことによって、修行体系を完成させ、古則公案を用いての弟子教育に成功した。仮に公案の段階的なカリキュラムの構築は、門下の弟子達によってなされたことだとしても、その礎となった白隠は、まさに五百年間出との称賛に値する古今稀に見る禅僧であった。

また、白隠の基本的な悟りに到る思想は、「大疑」があってはじめて「大悟」があるというものである。

宋代の石霜《せきそう》楚円《そえん》（九八七〜一〇四〇）は、「参禅は須く三要を具す」とした。その三要とは、「大信根・大疑情・大憤志」である。白隠は自身の『八重葎』で「大疑は即ち英伶の衲子を産出するの慈母、関鎖は即ち純真の古風を蘇活する大還丹なる事を」と述べている。

盤珪も石霜の示した疑団については「大疑と云ふは、昔し、南岳の六祖え参ずる時、曰、『什《な》麼物《にもの》か恁麼《いんも》に来る』と問われて、疑義し、八年疑着し『説似一物即不中《せつじいちもつそくふちゅう》』と答へられし、是真の大疑大悟也」（『盤珪禅師法語』）として不可欠なものとしている。

一方で「今時の人、古人も疑ふた程にとて、疑を生るは疑のまね也。実の疑にあらず」（『盤珪禅師法語』）とあるように、公案によって疑団を起こすことを不自然とし、「疑のまね」とした。「大疑の下に大悟あり」を前提として、今まで存在していなかった大疑を作り出すこと自体が形式的であるというのである。

言うまでもなく盤珪の生涯において、疑団が全くなかったわけではない。むしろ、おおきな疑団、つまり大疑があったことが認められるのである。それは「明徳とは何か」という究明心である。一方で白隠は、幼少時代の異常なまでの地獄への恐怖心、それから逃れたいという強い想いが、願心となって己事究明に邁進するのである。

このように考えてみると、盤珪の言う「大疑の下に大悟ありとして大疑をもっていることが形式的である」ということが理解できる。両者ともに、大悟のために後から疑団を置いたのではなく、先に疑団があって、疑団と向き合って、それを突き詰めることによって「大悟」があったと考えられるからである。両人の生涯の上で、必然的に生じた疑団だったからこそ、大悟に到らしめたわけで、大悟ありきの疑団では、やはり「疑のまね」となってしまうのも頷ける。

それでも白隠は、仮に不自然につくられた大疑であっても、それこそが大悟の要因であるとし、黙照禅（ただ黙然と坐禅する宗風を罵倒して呼んだ名称）を激しく批判したのである。そして、盤珪の唱えた不生禅も黙照禅とみなされていたことは、『白隠慧鶴禅師年譜』の次の部分から読み取ることができる。白隠二十一歳の頃である。

○時《とき》に真先《まさき》の龍香《りょうこう》、太郎丸《たるまる》の祖海等有《そかいとうあ》り、盛《さか》んに平実禅《へいじつぜん》を説《と》く、両濃《りょうのう》の道俗《どうぞく》、悉《ことごと》く其《そ》の化《け》に随《お》う。或《あ》るひと師《し》を倡《いざな》う。師叱《ししつ》して曰《いわ》く「丈夫《じょうぶ》、豈《あに》に耳《みみ》を貴《たっと》んで目《め》を賤《いや》しうする者《もの》ならんや」と。

ここで云う龍香、祖海は、大淵良弘《だいえんりょうこう》（一六二五〜一七〇六）と慧門祖海《えもんそかい》（生没年不詳）のことで、盤珪に参じた高僧である。白隠にもこれらの禅へと誘う者がいたが、白隠はこれを「大丈夫たるもの、わが眼で見ることを信ぜずして、噂を信じるものではない」と批判した。

また、この年譜は東嶺円慈《とうれいえんじ》（一七二一〜一七九二）の草稿を、大観文殊《たいかんぶんしゅ》（一七六六〜一八四二）が白隠没後五十年の後に刊行したものであるが、その二つを比較した芳澤勝弘氏が編纂された

『白隠慧鶴禅師年譜』から、興味深いことがわかる。

前述の年譜引用部分の草稿段階では「真先《まさき》の龍香《りょうこう》、太郎丸《たるまる》の祖海《そかい》等有《とうあ》り」の下にあった「数輩の高僧あり」という文言が、刊行される時には削除されているのである。盤珪が遷化して百余年ともなると、盤珪の高弟たちの評価も変化していたことがうかがえる。

また『壁生草』には白隠三十歳頃の記述として、「悲しむべし、五十余員の雲水、尽く近代不生の黙照枯坐《もくしょうこざ》、老幼共に二時《にじ》の粥飯の外、堆々《たいたい》として列坐し幷《なら》び睡《ねむ》りて櫓を推すが如し。夜更《よふけ》開定《かいちん》の鐘の鳴るを待ち、各々枕を幷《なら》べて列臥《れつが》し、互いに高声《こうしょう》に唱えて云く、大安楽なり大安楽なり」というように、白隠は不生禅を唱えながら、実際は安易な修行に堕落した叢林の実態を厳しく排しているのである。

ここで取り違えてはならないことは、白隠は盤珪遷化後に変質してしまった不生禅を否定しているのであって、盤珪という人物を直接否定している言説は見当たらないことである。

朝比奈宗源老師は『盤珪禅の研究』（鈴木大拙・古田紹欽共編）に収められている『我観盤珪禅』で、「白隠も盤珪の人格や悟道については認めて居られたものか、何処にも盤珪の名を挙げて攻撃してはいられない。只その流弊を排斥していらるるのである」と云われている。むしろ、自らのために厳しい修行を放棄し、安易に見性を得ようとし、または「見性を得ている」と勘違いしている盤珪門下の僧に対して、強い批判をしていると考えられる。

不生禅と公案禅

とかく相対して比較される盤珪と白隠であるが、共通点も見受けられる。両者の禅についての意見こそは相反するが、両者は常に「正法」こそを明らかにしようと、各地の師家に参じながら、ひたすらに修行に邁進し、徹底した独悟を得た点である。ここに関しては、まさに同じ方向をむいていたことがわかる。

そして、盤珪も大洲・如法寺の奥旨軒で厳しい修行を行なったように、法を伝えるべき弟子達の教育に、両者ともに公案が必要不可欠であると認識していた点である。それには、盤珪自身が、遷化した後の「不生禅」の行く末、また在家信者も含めた全弟子達の行く末を案じた不安があったとも考えることができる。

最終的に盤珪は、公案を不必要なものとして斥け、「不生で全てが調《ととの》う」という不生禅を唱えた。盤珪存命中は言うまでもなく、その直接に指導を受けた高弟達が活躍していた世代までは、いわゆる不生禅の精度が保たれていたと推測される。

しかし、年数の経過とともに、後の僧侶達にとって不生禅は、厳しい修行から逃れる格好の言い訳となってしまった可能性も排除できない。不生禅は盤珪の個の力によるところが大きいがゆえに、伝承していくことに適していなかったとも考えられる。すなわち教えを嗣ぐべき僧の資質にこそ問題があったのである。

不生禅の教えを受けた僧侶達の堕落やそれに伴う盤珪派の衰退こそは、江戸中期以降に臨済禅を席巻した白隠が著書で痛烈に批判した結果であろうし、盤珪禅及びその一派が盤珪遷化後から明治にかけて、白隠禅と比して栄えることができず、教えを継承できなかった大きな原因の一つであると考えられる。

盤珪が遷化した時に八歳であった白隠は、その後、公案について先に見たようにはっきりと相反する主張を強く唱えた。この白隠の公案重視の姿勢が、近世中期以降の臨済禅のあり方を決定づけたことは衆目一致の事実である。しかしながら、中世以降、さまざまな理由によって、近世当時行き詰まり状態であった臨済禅に新しい息を吹き込み再び活性化させ、現在に臨済禅を繋いだ点において、盤珪の斬新な不生禅は、祖師たちが活躍した唐代の生き生きとした無事禅を想起させる教えであり、日本臨済禅宗史を見る上で極めて重要であったことは特に注意しなければならない。

中国禅宗史の歴史を見ると、唐代の馬祖道一《ばそどういつ》（七〇九〜七八八）らの思想を言い表す無事禅（自性の清浄性を特に強調し、ありのままの自己の現状肯定を徹底的に気付かせる禅）は当時の禅界を席巻する。しかしながら、無批判に現状肯定する姿勢が批判され、宋代には大慧宗杲《だいえそうこう》（一〇八九〜一一六三）により大成された看話禅（自己の本来性に気付くため、公案を工夫・参究し、大悟徹底をめざす禅）が隆盛していった。

そしてその看話禅も形式的な参禅に堕するという行き詰まりになったように、看話禅と無事禅、言い換えれば公案禅と不生禅の二者は、それぞれの優れた特質が、隆盛時期を経て時代経過とともに劣化しうるため、お互いに刺激を与えうる存在、例えるならシーソーのように、その思想や教化手段の流行が振り子のように作用し、また反作用する関係であると考えることもできる。

現代の日本の臨済禅において、白隠によって作られた公案重視の看話禅と双璧をなし、臨済禅界の一大潮流となすことができるのは、無事禅を日本的に咀嚼した盤珪の不生禅しかないのである。

再び注目されつつある「不生禅」を、見つめ直す時は今なのかもしれない。そのことを、今後の課題として取り組んでいきたい。

あとがき

盤珪禅師のことを学ぶのに、読みやすい本はないかと考えても、なかなか分かりやすい本は少ないのです。学術書や専門書はありますが、一般向けの本は稀であります。白隠禅師に関する書物ならばたくさんあるのに、対照的であります。

岩波文庫の『盤珪禅師語録』がもっともよいテキストだと思いますが、これとても一般の方が読むには、理解が難しいと言われます。

そこで、今回広く一般読者の方に、盤珪禅師の教えに触れてもらおうと思って、『盤珪禅師語録』を講義した書を上梓することにいたしました。

本書では講本として、宝暦七年に刊行された『盤珪《ばんけい》仏智《ぶっち》弘済禅師《こうさいぜんじ》御示聞書』を用い、岩波文庫の『盤珪禅師語録』を参考にして校訂しました。本書は、同書の講義でありますが、全文ではありません。紙幅の都合などを考慮して一部は割愛して講義しています。冗長な繰り返しが多いのですが、盤珪禅師の直接のお説法の雰囲気を残すために、あえてそのままにして講義しています。

伝記などについては、『盤珪——不生のひじり（東西霊性文庫）』（小林圓照、ノンブル社）、『日

本の禅語録 第一六巻 盤珪』（玉城康四郎、講談社）、『盤珪禅師全集』（赤尾龍治編、大蔵出版社）などを参考にしました。また、禅文化研究所発行の『盤珪禅師逸話選』も参考になるものです。
また世田谷区野沢 龍雲寺の細川晋輔老師には、貴重な論考をお寄せいただき、さらに盤珪禅師の墨跡円相を口絵としてご提供いただきましたこと、心より御礼申し上げます。
最後に、本書の出版をご快諾いただいた春秋社の神田明社長、そして編集にご尽力くださった佐藤清靖さん、柳澤友里亜さんに深く感謝いたします。

二〇二一年四月八日

横田南嶺

横田南嶺（よこた　なんれい）
臨済宗円覚寺派管長。花園大学総長。
1964年、和歌山県新宮市に生まれる。大学在学中に東京白山・龍雲院の小池心叟老師に就いて出家得度。1987年、筑波大学を卒業、京都建仁寺の湊素堂老師のもとで修行。1991年より鎌倉円覚寺の足立大進老師のもとで修行。1999年、円覚寺僧堂師家。2010年、円覚寺派管長。2017年、花園大学総長。2023年、公益財団法人 禅文化研究所所長に就任。
著書に『祈りの延命十句観音経』『禅と出会う』（以上春秋社）、『十牛図に学ぶ――真の自己を尋ねて』（致知出版社）、『二度とない人生を生きるために』（PHP研究所）、『パンダはどこにいる？』（青幻舎）ほか多数。ラジオや講演会、円覚寺日曜説教など出演多数。また現在はYouTubeなどにて仏教や禅についての一口法話、ゲストを招いた対談、日々の「管長侍者日記」などを配信中。

盤珪語録を読む――不生禅とはなにか
二〇二一年 六 月二〇日 第一刷発行
二〇二三年一二月 一 日 第二刷発行
著 者 横田南嶺
発行者 小林公二
発行所 株式会社 春秋社
東京都千代田区外神田二―一八―六（〒一〇一―〇〇二一）
電話（〇三）三二五五―九六一一 振替〇〇一八〇―六―二四八六一
https://www.shunjusha.co.jp/
印刷所 萩原印刷株式会社
装 丁 美柑和俊
定価はカバー等に表示してあります。

ISBN978-4-393-13420-7

横田南嶺

仏心の中を歩む

今をいきいきと生きるためにできることとはなにか。人としてあることの〈目覚め〉と、かぎりなき〈いのち〉への想いを、切々とうったえる、珠玉の禅エッセイ。

一七六〇円

横田南嶺

仏心のひとしずく

苦難を越えて、生きてあることの〈いのち〉のいとおしさとつよさを、滋味豊かに語る。円覚寺の管長が、人としてあることの目覚めを切々とうったえる鮮烈な仏教エッセイ。

一七六〇円

横田南嶺

祈りの延命十句観音経

3・11以来著者は十句経を唱え、祈ることは「めげずに生きるぞ」という「いのちの宣言」であると説いてきた。円覚寺派管長がみずからの十句経との縁と共に仏教の核心を説く。

一一〇〇円

塩沼亮潤・横田南嶺

今ここをどう生きるか

仏教と出会う

コロナの時代をこえてどう生きるか。禅と千日回峰行の二人の仏教者が徹底対論。自らの出家のわけ、〈行〉ということ、今この〈世界〉をどう生きて死ぬか、示唆豊かに語る。

一六五〇円

▼価格は税込(10%)